더 디퍼런스
the difference
더 좋은 책을 만들기 위한 남다른 열정

진짜 공신들을 위한

영어 독후감 쓰기

저자   **장혜원**
(현) 수택 고등학교 교사
(현) 국제영어대학원대학교(IGSE) 석사과정 재학 중
(전) JSL, ESL 영어학원 강사
TESOL 자격증
호주 애들레이드 대학교 교사 연수
미국 하와이 대학교 교사 연수
영국 치체스터 대학교 대학원 연수

이은진
(현) 성남청솔 초등학교 교사
(현) 국제영어대학원대학교(IGSE) 석사과정 재학 중
(전) 영어전담 경력 4년
(전) 경기도 여주교육청 부설 영재원 영어 강사
TESOL 자격증
영국 캠브리지 EF 어학연수
캐나다 UBC대학교 교사 연수
영국 치체스터 대학교 대학원 연수

감수   **Christopher Douloff**
(현) 국제영어대학원대학교(IGSE) 교재개발학과 교수

진짜 공신들을 위한
영어 독후감 쓰기

초판 1쇄 발행 2016년 7월 10일

지은이   장혜원 · 이은진
발행인   조상현
발행처   더디퍼런스

등록번호   제2015-000237호
주소   서울시 마포구 마포대로 127, 304호
문의   02-725-9988
팩스   02-6974-1237
이메일   thedibooks@naver.com
홈페이지   www.thedifference.co.kr

독자여러분의 소중한 원고를 기다리고 있습니다. 많은 투고 부탁드립니다.

ISBN 979-11-86217-43-6 (63740)

진짜 공신들을 위한
영어 독후감 쓰기

장혜원 · 이은진 공저

더 디퍼런스

초등 교과서에 실린 책도 읽고 영어로 독후감도 쓴다.

초등학교의 중요한 뼈대이자 핵심은 무엇일까요? 바로 독서입니다. 독서는 아이들의 사고력과 표현력 그리고 상상력과 언어 이해력 등을 동시에 키울 수 있는 최고의 방법입니다. 책을 많이 읽는 것도 중요하지만 책을 읽은 다음 그 책에 대해 생각해 보고 적게나마 써 보려는 독후 활동을 하는 것은 더욱 중요합니다. 특히 독후 활동 중에 '독후감 쓰기'는 아이들의 생각의 폭을 넓히고 자기를 표현할 수 있는 표현력을 키우는데 매우 손쉽고 적절한 활동입니다. 자신이 책을 읽으면서 떠오른 생각이나 느낀 점, 기억에 남는 장면이나 좋아하는 등장인물 등을 적다 보면 어느새 그 책에 대해 많은 생각을 하게 되고 글쓰기에 자신감도 생기게 되죠.

쉽고 자신 있게 자신의 느낌과 감정을 영어로 쓸 수 있다.

이러한 독후감을 영어로 쓰게 되면 어떨까요? 물론 많은 아이들이 영어로 쓰는 것을 두려워하지만 책을 읽고 단 한 줄을 베껴 쓴다 하더라도 일단 쓰기 시작하여 꾸준히만 쓴다면 영어 글쓰기에 자신감이 붙을 것입니다. 아이들은 영어 독후감을 쓰기 위해서는 영어책을 읽어야 한다는 부담감을 갖고 있습니다. 그러나 독후 활동과 연계하여 영어 글쓰기를 통해 나의 생각을 표현하고자 한다면 꼭 영어로 된 책을 읽을 필요는 없습니다. 중요한 것은 이미 알고 있는 내용을 나의 생각과 엮어서 영어로 표현하는 것입니다. 이 책은 영어책 읽기에 대한 부담감을 줄여 주면서 동시에 쉽고 간단한 표현을 이용하여 영어로 독후 활동을 할 수 있도록 구성했습니다.

첫째, 초등학교 교과서에 나오는 친숙한 문학작품을 선정하였습니다. '흥부전'이나 '단군신화' 같은 우리나라 문학 작품과 '나의 라임 오렌지 나무'나 '행복한 왕자'와 같은 외국 문학 작품을 비슷한 비율로 선정하였으며 국어, 도덕, 사회 등 초등학교 교과서 전반에 인용된 작품들을 실었기 때문에 아이들이 영어로 된 이야기에 낯설어 하지 않도록 하였습니다.

둘째, 초등학교 국어 교과서의 쓰기 활동과 연계하였습니다. 국어 글쓰기를 잘하는 학생이 영어 글쓰기도 잘합니다. 다양한 교과서 국어 글쓰기 활동이 영어라고 다를 필요는 없습니다. 국어 교과서에서 제시하는 편지 쓰기, 신문 기사 쓰기, 광고 글쓰기 등의 다양한 활동을 영어 독후 활동에 적용하였기 때문에 아이들은 영어 글쓰기에 좀 더 빨리 친숙해 질 수 있습니다.

셋째, 책 내용의 이해를 돕기 위해 쉬운 영어로 줄거리를 실었습니다. 총 24권의 책의 줄거리를 영어로 수록했습니다. 그리고 영어 줄거리에 직접 영어 단어의 뜻을 제시하였습니다. 그래서 아이들은 쉬운 단어와 간단한 문장으로 된 영어 줄거리를 읽으면서 영어로 책을 읽는 즐거움을 느끼게 될 것입니다.

넷째, 초등학생에게 꼭 필요한 영어 단어와 기초 구문을 제시하여 활동의 흐름을 방해하지 않도록 하였습니다. 머릿속의 아이디어를 표현함에 있어 모르는 영단어가 사고의 흐름을 막는 경우가 많습니다. 그래서 아이들이 표현하고자 하는 자신의 이야기를 쉽고 자연스럽게 바로 쓸 수 있도록, 기초 영어 단어와 표현을 제시하여 아이들이 언제든지 활용할 수 있게 하였습니다.

마지막으로, 책을 통해 나의 생각을 표현할 수 있도록 하였습니다. 단순히 줄거리를 나열하고 주인공을 묘사하는 것에 그치지 않고 나의 생각과 느낌을 써 볼 수 있는 다양한 활동으로 구성하였습니다. 아는 것을 넘어 깨달음을 표현할 수 있는 쓰기 활동을 통해 창의적인 사고를 할 수 있도록 구성했습니다.

전래동화부터 소설, 위인전, 그리고 사회과학 분야의 책까지 다양한 범주의 책들을 접하고 그 책의 성격에 맞는 독후 활동을 하면서 생각이 자라고 영어 쓰기 연습을 통해 자기 표현을 기르도록 하는데 이 책이 유용하게 쓰일 것입니다. 아무리 쉬운 동화책이라도 간단한 코멘트를 영어로 해 보는 기회가 있었나요? 우리나라 소설이라도 영어로 느낌을 표현해 보는 것은 어떨까요? 과학책을 읽고 영어로 보고서를 쓰는 것이 힘들기만 할까요? 너무 어렵게 생각할 필요가 없습니다. 영어 독후감을 Writing이라고 생각하고 부담스러워 선뜻 해 본 적이 없었다면 이 책이 첫 발을 내딛도록 도와줄 것입니다. 쉽다고 가벼이 여기지 말고 어렵다고 손 놓아 버리지 않는 자세로 꼼꼼히 처음부터 끝까지 채워 보세요. 많은 책들과 함께 나의 생각이 자라고 어느덧 두려움 없이 책에 대한 느낌을 영어로 표현할 수 있게 될 것입니다.

장혜원 · 이은진 선생님

ABOUT THIS BOOK

체계적이고 짜임새 있는 단원 구성

단원은 크게 세 개의 Unit으로 나누었으며 각 Unit에는 네 개의 관련 챕터들로 구성되었습니다. 첫 번째 Unit은 등장인물과 관련된 활동, 두 번째 Unit은 구체적인 사건을 바탕으로 할 수 있는 활동, 세 번째 Unit은 전체 책을 읽고 할 수 있는 활동으로 이루어져 있어, 학습자가 체계적으로 쉽게 영어 독후 활동을 할 수 있도록 도와줍니다.

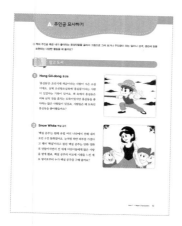

초등학교 교과서에 실린 도서 위주로 구성

각 챕터당 두 권의 추천 도서를 소개하였고, 현재 초등학교 국어 시간에 다루고 있는 책과 우리나라 초등학생이라면 누구나 한 번쯤 들어봤을 만한 책으로 구성했으며 한국 문학과 외국 문학을 고루 담았습니다. 책에 대한 간단한 소개와 책 표지 그림을 통해 한국어로 읽었던 책의 내용을 상기해 볼 수 있어, 영어에 대한 부담감 없이 영어 글쓰기에 접근할 수 있습니다.

초등 필수 단어와 표현 학습

각 챕터의 활동들을 위해 필요한 단어나, 장르별 글쓰기의 방법을 소개하고 중요한 표현들을 익힐 수 있는 연습 문제를 통해 영어로 독서 활동을 쉽게 해볼 수 있도록 도왔습니다.

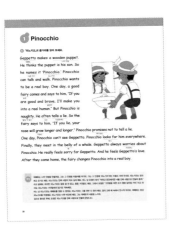

쉽고 재미있게 읽을 수 있는 영어 이야기

총 24권의 추천 도서는 학습자들이 영어에 대한 두려움 없이 영어로 읽을 수 있도록 최대한 쉬운 단어와 문장으로 재미있게 구성하였습니다. 그리고 고유명사나 필요한 단어는 주석으로 뜻을 달아 학습자가 최대한 방해 받지 않고 끝까지 영어로 줄거리를 읽을 수 있도록 했습니다.

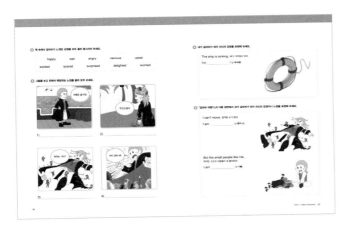

초등학교 국어 교과서의 쓰기 활동과 연계

추천 도서의 줄거리를 읽고 초등학교의 국어 교과서에서 제시하는 편지 쓰기, 신문 기사 쓰기, 광고 글쓰기 등의 다양한 활동을 영어 독후 활동에 적용하여, 더욱 재미있고 쉽게 영어 글쓰기를 할 수 있게 구성하였습니다.

CONTENTS

Unit 1 Main Characters

Warm-up — 12

A. 주인공 묘사하기 — 13
1 **Hong Gil-dong** 홍길동 — 15
2 **Snow White** 백설 공주 — 18

B. 인물 지도 그리기 — 22
1 **Heungbujeon** 흥부전 — 24
2 **Heidi, Girl of the Alps** 알프스 소녀 하이디 — 27

C. 주인공에게 편지 쓰기 — 31
1 **Peter Pan** 피터팬 — 33
2 **The Giving Tree** 아낌없이 주는 나무 — 36

D. 주인공이 되어 보기 — 40
1 **The Happy Prince** 행복한 왕자 — 42
2 **Gulliver's Travels** 걸리버 여행기 — 45

Unit 2 Specific Events

Warm-up — 50

A. 신문 기사 만들기 — 51
1 **The Dog of Flanders** 플랜더스의 개 — 53
2 **A Lazy Boy Who Became a Cow** 소가 된 게으름뱅이 — 56

B. 사건 시간표 — 60
1 **The Myth of Dangun** 단군신화 — 62
2 **Byeoljubujeon** 별주부전 — 65

C. 만화 그리기   69

    ❶ **The Fox and Grapes** 여우와 포도   71

    ❷ **The Pied Piper of Hamelin** 피리 부는 사나이   74

D. 기억에 남는 장면 그리기   78

    ❶ **Pinocchio** 피노키오   80

    ❷ **Simcheongjeon** 심청전   83

Unit **3** Overall View

Warm-up   88

A. 책에 대한 의견   89

    ❶ **King Sejong the Great** 세종대왕   91

    ❷ **My Sweet Orange Tree** 나의 라임 오렌지 나무   94

B. 보고서 쓰기   98

    ❶ **Why? Animals** 와이?: 동물편   100

    ❷ **The Magic School Bus** 신기한 스쿨버스   103

C. 책 광고하기   107

    ❶ **Helen Keller** 헬렌 켈러   109

    ❷ **The Last Leaf** 마지막 잎새   112

D. 상 주기   116

    ❶ **Don Quixote** 돈키호테   118

    ❷ **Shower** 소나기   121

Answer Key   125

STUDY CHECK

매일 매일 공부한 양을 스스로 달력에 적어 보세요. 양의 적고 많음은 중요하지 않아요. 매일 꾸준히 하는 것이 더 중요하지요.

○ Record your studying

Week1	날짜	/	/	/	/	/	/	/
	공부한 페이지	~	~	~	~	~	~	~
	확인							
Week2	날짜	/	/	/	/	/	/	/
	공부한 페이지	~	~	~	~	~	~	~
	확인							
Week3	날짜	/	/	/	/	/	/	/
	공부한 페이지	~	~	~	~	~	~	~
	확인							
Week4	날짜	/	/	/	/	/	/	/
	공부한 페이지	~	~	~	~	~	~	~
	확인							

Main Characters

주요 등장인물들을 중심으로 다양한 독후 활동을 해 봐요.

책에는 다양한 등장인물들이 등장해요. 때로는 사람, 때로는 동물이 등장인물로 나오죠. 그 등장인물들을 대상으로 다양한 읽기 후 활동을 할 수 있어요. 어떤 활동들을 할 수 있는지 한번 알아볼까요?

Ⓐ 주인공 묘사하기

Ⓑ 인물 지도 그리기

Ⓒ 주인공에게 편지 쓰기

Ⓓ 주인공이 되어 보기

○ 다음 그림들을 보고 생각나는 책의 제목을 보기에서 골라 쓰세요.

보기

Peter Pan 피터팬

Simcheongjeon 심청전

Heidi, Girl of the Alps 알프스 소녀 하이디

The Happy Prince 행복한 왕자

The Fox and Grapes 여우와 포도

Gulliver's Travels 걸리버 여행기

A. 주인공 묘사하기

○ 책의 주인공 혹은 내가 좋아하는 등장인물을 골라서 그림으로 그려 보거나 주인공이 하는 일이나 성격, 생김새 등을 표현하는 다양한 활동을 해 볼까요?

참고 도서

① Hong Gil-dong 홍길동

'홍길동'은 조선시대 허균이라는 사람이 지은 소설이에요. 실제 조선왕조실록에 '홍길동'이라는 사람이 있었다는 기록이 있어요. 책 속에서 홍길동은 비록 남의 것을 훔치는 도둑이었지만 홍길동을 좋아하는 많은 사람들이 있었죠. 사람들은 왜 도둑인 홍길동을 좋아했을까요?

② Snow White 백설 공주

'백설 공주'는 원래 유럽 여러 나라에서 전해 내려오던 구전 동화였어요. 눈처럼 하얀 피부를 가졌다고 해서 '백설'이라고 불린 백설 공주는 만화 영화로 만들어지면서 전 세계 어린이들에게 많은 사랑을 받게 됐죠. 백설 공주의 미모에 시샘을 느낀 계모 왕비로부터 누가 백설 공주를 구해 줄까요?

Words 등장인물을 묘사하는 말

하는 일	성격	생김새
king 왕 queen 왕비 servant 하인 prince 왕자 princess 공주	smart 똑똑한 kind 친절한 good 착한 greedy 욕심 많은 foolish 어리석은	pretty 예쁜 beautiful 아름다운 handsome 멋진 tall 키 큰 short 키 작은

Expressions

I am smart. 나는 똑똑해요.

I am ~, You are ~, He is ~, She is ~처럼 ~ 부분에 성격이나 생김새를 나타내는 단어를 쓸 수 있어요.

1 I am _____. 나는 친절해요.

2 She is _____. 그녀는 착해요.

3 He is _____. 그는 어리석어요.

I wear a dress. 나는 드레스를 입어요.

옷을 입거나 모자를 쓰거나 양말을 신는 것처럼 몸에 걸치는 것은 모두 wear로 쓸 수 있어요.

1 I _____ a hat. 나는 모자를 써요.

2 They _____ socks. 그들은 양말을 신어요.

3 You _____ a watch. 당신은 시계를 차요.

① Hong Gil-dong

① 「홍길동」의 줄거리를 읽어 보세요.

Hong Gil-dong is a thief. His father, Hong Pan-seo, is a noble man. But
his mother, Chunseom, is a servant. So Hong Gil-dong can't call his father
"Father," but "Sir." By law he can't be a noble man. But he is smart and
strong. He wants to make the world a better place. He has some friends.
They are thieves. Together, they take money from the rich and give it to
the poor. The king tries to stop Hong Gil-dong, but he can't.
Hong Gil-dong leaves for an island and builds an ideal country, Yuldoguk.

 해석 '홍길동'이라는 도둑이 있어요. 아버지 홍판서는 양반이지요. 하지만 엄마 춘섬은 하인이에요. 그래서 홍길동은 아버지를 '아버지'라고
부르지 못하고 '대감마님'으로 불러요. 법에 따르면, 홍길동은 양반이 될 수 없어요. 그러나 그는 똑똑하고 힘이 세답니다. 그는 더 좋은
세상을 만들고 싶어요. 홍길동에게는 친구들이 있는데 그들도 도둑이랍니다. 그들은 홍길동과 함께, 부자들의 돈을 빼앗아 가난한 사람
들에게 나누어 주어요. 왕은 홍길동을 잡으려고 하지만 실패해요.
홍길동은 어떤 섬으로 떠나는데, 그는 거기서 모두가 잘 사는 이상적인 나라 '율도국'을 세워요.

2 『홍길동』에 나오는 사람은 누구인가요?

3 등장인물 중 세 명을 골라 하는 일, 성격, 생김새를 생각나는 대로 쓰세요.

인물	하는 일	성격	생김새
Hong Gil-dong	thief	smart	

4 다음 물음에 대해 간단히 우리말로 답하세요.

Q1 홍길동이 가진 놀라운 능력은 무엇인가요?

Q2 홍길동은 도둑인데 왜 사람들이 좋아하나요?

Q3 홍길동이 지금 세상에 태어났다면 어떤 일을 했을까요?

5 주인공인 홍길동에 대해 쓴 글을 읽어 보세요.

이름: Hong Gil-dong
하는 일: thief
성격: smart
생김새: wears a hat

He is a thief. 그는 도둑이다.

He is smart. 그는 똑똑하다.

He wears a hat. 그는 모자를 쓴다.

6 『홍길동』에 나오는 등장인물 중 한 명을 골라 그림을 그리고 위와 같이 글을 써 보세요. (밑줄 친 부분만 바꿔 쓰면 더 쉽게 쓸 수 있어요.)

이름: _____

하는 일: _____

성격: _____

생김새: _____

He/She is _____.

He/She is _____.

He/She wears _____.

② Snow White

① 『백설 공주』의 줄거리를 읽어 보세요.

Snow White is a princess. Snow
백설 공주
White's step-mother, the queen,
새엄마
is not kind. She doesn't like Snow
White. The queen wants to be
the most beautiful woman in the
아름다운
world. But a magic mirror says,
마법의 거울

"Snow White is the most beautiful." The queen is angry. So she orders a
명령하다
hunter to kill Snow White in the woods. But he doesn't kill her. He helps
사냥꾼   숲 속에서
her to leave.

In the woods, Snow White finds the Seven Dwarfs' house. They help her.
난쟁이
The queen still wants to kill her. The queen dresses up like an old woman.
옷을 입다
And she gives Snow White a poison apple. Snow White falls down. Everyone
독   쓰러지다
thinks she is dead. The dwarfs put her in a glass coffin.
유리 관
One day a prince sees Snow White in the coffin. He thinks she is very
beautiful. He kisses her. She wakes up. They live happily ever after.
깨다

해석
'백설'이라는 공주가 있어요. 백설 공주의 새엄마인 왕비는 친절하지 않아요. 그녀는 백설 공주를 좋아하지 않지요. 왕비는 세상에서 가장 아름다운 사람이기를 바라요. 하지만 마법의 거울은 "백설 공주가 가장 예쁩니다."라고 말하지요. 왕비는 화가 나요. 그래서 사냥꾼에게 공주를 숲에서 죽이라고 명령해요. 하지만 그는 그녀를 죽이지 않고 도망가게 도와줘요.
숲에서, 백설 공주는 일곱 난쟁이의 집을 발견해요. 그들은 그녀를 도와줘요. 왕비는 백설 공주를 여전히 죽이려 하지요. 왕비는 노인처럼 변장하고 공주에게 독이 든 사과를 줘요. 백설 공주는 쓰러지게 돼요. 모두 공주가 죽었다고 생각하고, 난쟁이들은 유리 관에 그녀를 눕혀요.
어느 날 왕자가 관에 누워 있는 공주를 보고 너무 아름답다고 생각해서 키스하지요. 백설 공주는 깨어 나게 되고 둘은 오래오래 행복하게 살았답니다.

2 『백설 공주』에 나오는 사람은 누구인가요?

_____

3 등장인물 중 세 명을 골라 하는 일, 성격, 생김새를 생각나는 대로 쓰세요.

인물	하는 일	성격	생김새
Snow White	princess		

4 다음 물음에 대해 간단히 우리말로 답하세요.

Q1 왕비는 왜 백설 공주를 죽이려 하나요?

_____

Q2 백설 공주가 위험에 빠졌을 때 누가 도와주나요?

_____

Q3 왕비는 어떤 모습으로 변장하고 백설 공주에게 나타나나요?

_____

5 주인공인 백설 공주에 대해 쓴 글을 읽어 보세요.

인물: Snow White
성격: good
생김새: wears a dress

She is a princess. 그녀는 공주다.

She is good. 그녀는 착하다.

She wears a dress. 그녀는 드레스를 입는다.

6 『백설 공주』에 나오는 등장인물 중 한 명을 골라 그림을 그리고 위와 같이 글을 써 보세요. (밑줄 친 부분만 바꿔 쓰면 쉽게 쓸 수 있어요.)

인물: _____

성격: _____

생김새: _____

He/She is _____.

He/She is _____.

He/She wears _____.

Wrap up

◉ 내가 읽은 책 중에서 마음에 드는 등장인물을 골라 그림으로 그리고 그 사람에 대해 글을 써 보세요.

이름:

하는 일:

성격:

생김새:

B. 인물 지도 그리기

◯ 한 권의 책에는 다양한 인물들이 등장하지요. 인물들간의 관계를 잘 알아 두면 책의 내용을 쉽게 이해할 수 있어요. 책의 주인공을 중심으로 주변 인물들과의 관계를 그림으로 나타내 봐요.

 참고 도서

1 **Heungbujeon** 흥부전

'흥부전'은 우리나라에 전해 내려오는 고전 소설이에요. 마음 착한 동생 흥부와 욕심 많은 형 놀부의 이야기는 모두 알고 있을 거예요. 부러진 제비의 다리를 정성껏 치료해 준 흥부에게 제비는 과연 어떤 도움을 주었을까요? 그리고 일부러 제비의 다리를 부러뜨린 놀부에게는 어떤 벌을 내렸을까요?

2 **Heidi, Girl of the Alps** 알프스 소녀 하이디

'알프스 소녀 하이디'는 유럽의 알프스를 배경으로 펼쳐지는 아름다운 이야기예요. 어렸을 때 부모를 잃고, 완고하지만 마음씨 따뜻한 할아버지와 같이 살게 되는 하이디는 알프스에서 목동 피터와 즐거운 시간을 보내게 돼요. 하지만 알프스에서 다른 도시로 떠나게 되는 하이디는 행복하게 잘 살 수 있을까요?

Words 인물들의 관계와 행동을 나타내는 말

가족	행동
father 아버지	love 사랑하다
mother 어머니	like 좋아하다
grandfather 할아버지	save 구하다
grandmother 할머니	help 돕다
sister 여자 형제	hate 싫어하다
brother 남자 형제	hurt 다치게 하다
aunt 이모, 고모	
uncle 삼촌, 고모부	

Expressions

He is my older brother. 그는 우리 형이에요.

He is ~, She is ~와 같이 ~ 부분에 가족이나 친척을 나타내는 말을 쓸 수 있어요.

1 She is my _____. 그녀는 나의 고모예요.

2 She is my _____. 그녀는 나의 할머니예요.

3 He is my _____. 그는 나의 아버지예요.

Heidi helps her. 하이디는 그녀를 도와줘요.

주어로 He, She나 사람 한 명이 나올 경우에는 그 다음 '움직임을 나타내는 단어'에 's'를 붙여 줘요.

1 He _____ her. 그는 그녀를 사랑해요.

2 She _____ me. 그녀는 나를 싫어해요.

3 Heidi _____ her grandfather. 하이디는 그녀의 할아버지를 좋아해요.

1 Heungbujeon

1 『흥부전』의 줄거리를 읽어 보세요.

Heungbu is a good man. But he is
흥부
very poor. So his family is always
hungry. Nolbu is Heungbu's older
놀부
brother. Nolbu is rich. But he
doesn't help Heungbu.

One day, Heungbu sees a baby
swallow. It has a broken leg. He
제비   부러진
heals the baby swallow's leg.
치료하다

Next spring, the swallow's mother gives Heungbu a gourd seed. He plants
박   씨   심다
it. The gourd grows big. He cuts it open with a saw. There is a lot of money,
톱
gold, and jewels in it! Heungbu becomes rich.
보석   ~가 되다

Nolbu is jealous. So he finds a baby swallow. He breaks its leg. Then he
질투하는
heals it. The swallow's mother gives Nolbu a gourd seed, too. He plants it.

It grows big. Nolbu cuts it open. But there is only Dokkaebi in the gourd.
도깨비
Dokkaebi takes Nolbu's money. Then Nolbu becomes poor.

해석
흥부는 착하지만 아주 가난해요. 그래서 그의 가족은 항상 배가 고프지요. 놀부는 흥부의 형인데 부자예요. 그러나 그는 흥부를 도와주진 않지요.
어느 날 흥부가 아기 제비를 봐요. 다리가 하나 부러져 있어요. 그래서 다리를 치료해 준답니다. 다음 해 봄에 엄마 제비가 흥부에게 박씨 하나를 줘요. 흥부는 그것을 심어요. 박이 커지자 흥부가 톱으로 잘라 열어 봐요. 박 안에는 많은 돈, 금과 보석이 가득하지요. 흥부는 부자가 돼요.
놀부는 질투가 나요. 그래서 아기 제비를 찾아 다리를 부러뜨리고 치료해 주지요. 엄마 제비가 놀부에게도 박씨를 줘요. 놀부가 박씨를 심고 박이 자라자 잘라서 열어 보아요. 그러나 박 안에는 도깨비가 있어요. 도깨비는 놀부의 돈을 빼앗아요. 그래서 놀부는 가난해 진답니다.

2 『흥부전』에 나오는 사람은 누구인가요?

_____

3 『흥부전』에 나오는 등장인물의 특징을 쓰세요.

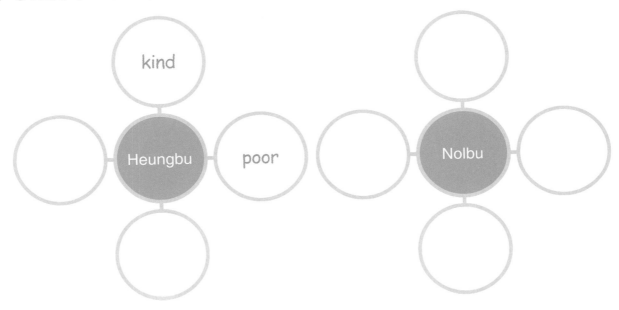

4 다음 물음에 대해 간단히 우리말로 답하세요.

Q1 흥부는 제비를 어떻게 도와주나요?

_____

Q2 흥부가 열어 본 박 속에는 무엇이 있나요?

_____

Q3 놀부가 열어 본 박 속에는 무엇이 있나요?

_____

5 다음 중 흥부와 관련 있는 단어를 골라 동그라미 하세요.

younger brother   older brother   good   bad

help   hurt   poor   rich

6 『흥부전』에 나오는 등장인물을 나타낸 표를 보고 빈칸을 채우세요.

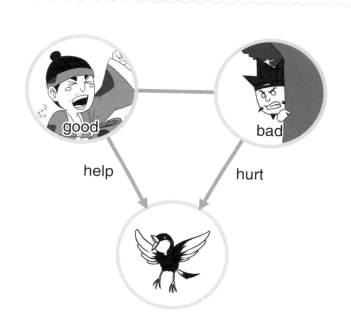

Heungbu is Nolbu's younger _____. 흥부는 놀부의 **동생**이다.

He is _____. 흥부는 **착하다**.

He _____ a swallow. 그는 제비를 **도와준다**.

Nolbu is _____. 놀부는 **나쁘다**.

He _____ the swallow. 그는 제비를 **다치게 한다**.

2 Heidi, Girl of the Alps

1 『**알프스 소녀 하이디**』의 줄거리를 읽어 보세요.

Heidi lives with Alm in the Alps.
하이디   알름   알프스
Alm is her grandfather. He is
not friendly and doesn't want
다정한
to live with Heidi. But she is
friendly so she helps him. Soon
곧
Alm becomes friendly and kind,
too.

Heidi has a friend. He is Peter. His grandmother is blind. Heidi likes to talk
피터   눈이 먼
with her. But Heidi's aunt sends Heidi to a rich family in a city. The family
has a daughter. She is Clara. Clara is sick. She can't walk. Heidi's aunt
클라라   아픈
thinks Heidi can go to a better school in the city. And Clara needs a friend.
필요하다
So Heidi moves to the city. Soon Heidi and Clara become good friends. But
Heidi misses the Alps, Peter, and his grandmother.
그리워하다
So she goes back to the Alps. Then Clara visits Heidi. In the Alps, Clara can
방문하다
walk by herself.
그녀 스스로

 하이디는 알프스에서 알름과 함께 살아요. 알름은 하이디의 할아버지예요. 그는 다정하지 않아요. 그는 하이디랑 살고 싶어 하지 않지요. 하지만 하이디는 다정해서 그를 잘 도와줘요. 곧 알름 할아버지도 다정하고 친절해 져요.
하이디에게는 친구가 있는데 피터예요. 피터의 할머니는 눈이 보이질 않아요. 하이디는 할머니와 얘기하는 걸 좋아하지요. 하지만 하이디의 이모는 하이디를 도시에 사는 부잣집으로 보내요. 그 집에는 클라라라는 딸이 있는데 걷지를 못해요. 하이디의 이모는 하이디가 도시에서 더 좋은 학교에 갈 수 있을 거라고 생각하지요. 그리고 클라라에게는 친구가 필요해요. 그래서 하이디는 도시로 이사를 가요. 둘은 좋은 친구가 돼요. 하지만 하이디는 알프스도 그립고, 피터와 할머니도 보고 싶어요.
그래서 그녀는 다시 알프스로 돌아가요. 그러고 나서 클라라가 하이디를 보러 오지요. 알프스에서 클라라는 혼자 걸을 수 있게 돼요.

② 『알프스 소녀 하이디』에 나오는 사람은 누구인가요?

_____

③ 『알프스 소녀 하이디』에 나오는 등장인물의 특징을 쓰세요.

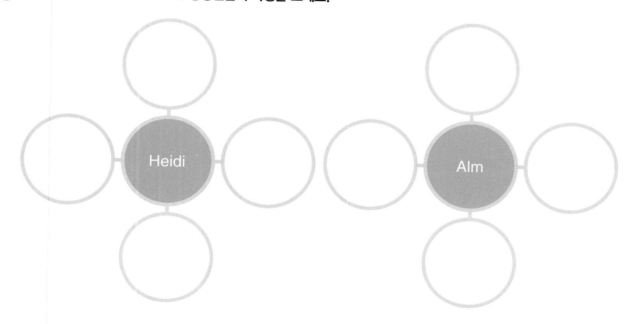

④ 다음 물음에 대해 간단히 우리말로 답하세요.

Q1 하이디가 사는 곳은 어디인가요?

_____

Q2 하이디의 이모는 왜 하이디를 도시로 보내나요?

_____

Q3 클라라는 알프스에서 어떤 놀라운 경험을 하게 되나요?

_____

5 다음 중 하이디와 관련 있는 단어를 골라 동그라미 하세요.

friendly   unfriendly   good   bad   help

hurt   hate   grandfather   grandmother

6 『알프스 소녀 하이디』에 나오는 등장인물을 나타낸 표를 보고 빈칸을 채우세요.

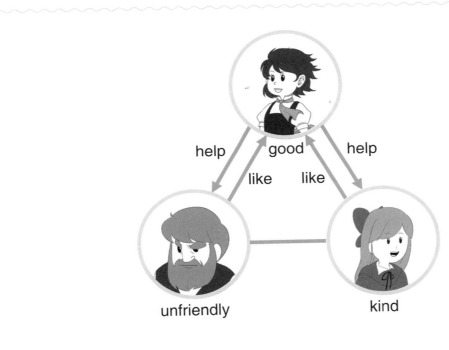

Alm is Heidi's _____. 알름은 하이디의 **할아버지**이다.

Heidi is _____. 하이디는 **착하다**.

She _____ Clara. 그녀는 클라라를 **돕는다**.

Clara is _____. 클라라는 **친절하다**.

She _____ Heidi. 그녀는 하이디를 **좋아한다**.

◉ 내가 읽은 책의 주인공의 성격이나 특징을 표로 나타내고 문장을 만들어 보세요.

C. 주인공에게 편지 쓰기

○ 책의 주인공 혹은 내가 좋아하는 등장인물에게 편지를 써 봐요. 등장인물의 성격이나 외모에 대해서 쓸 수도 있고, 잘한 일이나 잘못한 일에 대한 내 생각을 써도 좋아요.

참고 도서

1 Peter Pan 피터팬

영국의 작가 제임스 매튜 배리(James Matthew Barrie)가 쓴 동화예요. 영원히 어른이 되지 않는 나라, 네버랜드에 사는 피터팬을 따라 웬디와 동생들이 여행을 하게 되지요. 하지만 못된 후크 선장이 자꾸 피터팬을 괴롭히려고 해요. 어떻게 후크 선장을 물리칠 수 있을까요?

2 The Giving Tree 아낌없이 주는 나무

미국의 아동 문학가 쉘 실버스타인(Shel Silverstein)이 지은 동화로 전 세계 어린이들뿐만 아니라 어른들에게도 꾸준히 사랑받고 있어요. 나무를 사랑한 소년의 이야기가 담겨 있지요. 나무는 소년에게 어떤 의미였는지 한번 생각해 보세요. 그리고 나무가 소년에게 줄 수 있는 것은 무엇이었나요?

Writing a Letter 편지 쓰기

Dear Yeonji,

I think you are brave.
You helped sick people.
I hope to see you.

Sincerely,

Jina

Greeting	받는 사람 이름(~에게) 이름 앞에 Dear를 붙이고, 이름 뒤에는 쉼표를 붙여요.
Body	주요 내용 내가 생각하는 주인공의 성격, 내가 좋아하는 주인공의 모습 이나 나의 느낌 등을 쓸 수 있어요.
Closing	끝인사 Sincerely, Bye, Your friend 등을 쓸 수 있어요.
Signature	보내는 사람 이름

Expressions

I think you are brave. 나는 당신이 용감하다고 생각해요.

I think ~는 '나는 ~라고 생각한다'라는 뜻이에요.

1 I _____ she is pretty. 나는 그녀가 예쁘다고 생각해요.

2 _____ _____ he is kind. 나는 그가 친절하다고 생각해요.

3 _____ _____ Jane is strong. 나는 Jane이 강하다고 생각해요.

I hope to go to Neverland. 나는 네버랜드에 가고 싶어요.

I hope to ~는 '나는 ~하고 싶다'라는 뜻이에요.

1 I _____ to see you. 나는 당신이 보고 싶어요.

2 _____ to go there. 나는 거기에 가고 싶어요.

3 _____ be with you. 나는 당신과 같이 있고 싶어요.

1 Peter Pan

1 『피터팬』의 줄거리를 읽어 보세요.

Wendy lives in London. She has
웬디   런던
two younger brothers. They are
John and Michael. One night,
존   마이클
Peter Pan comes to her. He wants
피터팬
to go to Neverland with Wendy.
네버랜드
So Wendy and her brothers go
to Neverland.

Wendy takes care of many kids there. Hook lives in Neverland. He is a bad
돌보다   후크
pirate. He hates Peter Pan. Because he cut off Hook's arm. Peter Pan gave
해적   싫어하다
his arm to a crocodile.
악어
One day, Hook kidnaps Wendy and all the children in Neverland. Peter saves
납치하다   구하다
them and takes them home.

Wendy, her brothers, and Peter Pan come back to Wendy's home. Wendy's
family want to live with Peter Pan. But he doesn't want to live with them.
He doesn't want to grow. Wendy grows older. But Peter Pan stays young
자라다
forever.
영원히

 해석

웬디는 런던에 살아요. 그녀는 존과 마이클이라는 두 남동생이 있어요. 어느 날 밤, 피터팬이 와서 웬디와 함께 네버랜드에 가고 싶어
해요. 그래서 웬디와 동생들은 네버랜드로 가지요.
웬디는 그곳에서 많은 아이들을 돌봐 줘요. 네버랜드에는 후크가 사는데 그는 나쁜 해적이에요. 후크는 피터팬을 싫어하는데 피터팬이
후크의 팔을 잘라서, 악어에게 줘 버렸기 때문이죠.
어느 날 후크는 웬디와 네버랜드에 있는 아이들을 모두 납치해 버려요. 피터팬이 모두 구해서 집으로 데려다 주지요.
웬디, 웬디의 남동생들과 피터팬은 웬디의 집으로 가요. 웬디 가족들은 피터팬과 함께 살고 싶어 해요. 하지만 그는 함께 살고 싶어 하
지 않아요. 그는 자라고 싶지 않아요. 웬디는 나이가 들게 되지만 피터팬은 영원히 어린이로 남게 된답니다.

2 그림과 관련 있는 문장을 보기에서 찾아 쓰세요.

보기

He is brave.　　　He is fun.　　　He is bad.　　　He can fly.

1) _____

2) _____

3) _____

4) _____

3 지아가 피터팬에게 보낸 편지를 읽어 보세요.

Dear Peter Pan,

I like you.
You are brave.
I think you are fun
and smart.
I hope to fly with you.

Your friend,
Jia

피터팬에게

난 네가 좋아.
너는 용감해.
나는 네가 재미있고 똑똑하다고 생각해.
나도 너랑 날고 싶어.

너의 친구,
지아

4 『피터팬』의 다른 등장인물인 요정 팅커벨에게도 편지를 써 보세요.

Dear Tinker Bell,

I like you.
You are _____ .
I _____
you are kind.
I _____
to play with you.

_____,

_____

팅커벨에게

난 네가 좋아.
너는 예뻐.
나는 네가 친절하다고 생각해.
나도 너랑 놀고 싶다.

너의 친구,
(보내는 사람 이름)

2 The Giving Tree

① 「아낌없이 주는 나무」의 줄거리를 읽어 보세요.

There is an apple tree and a boy. The boy likes the tree. They are good friends. The boy plays with the tree. He swings from the branches. He makes a crown with the leaves. The tree gives him apples, shade, and a place to play. When the boy becomes a young man, he wants money. The tree gives him apples to sell. As the boy becomes an adult, he wants a house. The tree gives him branches to build it. When the boy becomes a middle-aged man, he wants a boat. The tree gives him a trunk to make it.

The tree gives the boy everything. So the tree is happy. But now only a stump is left. So the tree is sad. The tree has nothing to give. But the boy just wants a place to sit and rest, and the stump is enough for that. So the tree is happy again.

 해석 사과 나무와 소년이 있어요. 소년은 나무를 좋아하지요. 그들은 좋은 친구예요. 소년은 나무와 함께 놀아요. 나뭇가지에서 그네도 타고 잎사귀로 왕관도 만들어요. 나무는 소년에게 사과도 주고 그들과 놀이터도 되어 주지요. 소년이 젊은이가 되자 돈이 필요해요. 나무는 팔 수 있는 사과를 줘요. 소년이 어른이 되자 집이 필요해요. 나무는 집을 지을 나뭇가지를 줘요. 소년이 아저씨가 되자 배를 갖고 싶어 해요. 나무는 배를 만들 나무의 몸통을 줘요.

나무는 모든 걸 줘요. 그래서 행복하지요. 하지만 이제 그루터기만 남아 나무는 슬퍼해요. 줄 것이 없으니까요. 하지만 소년은 그냥 앉아서 쉬고 싶어 하고, 그것을 위해서는 그루터기만으로도 충분해요. 그래서 나무는 다시 행복해 진답니다.

2 그림과 관련 있는 문장을 보기에서 찾아 쓰세요.

> **보기**
>
> The tree is happy.　　　The tree is sad.　　　He is old.　　　He is young.

1) _____

2) _____

3) _____

4) _____

3 정우가 나무에게 보낸 편지를 읽어 보세요.

Dear Giving Tree,

You are kind.
You give everything
to the boy.
I think you are a good friend.
I hope to see you.

Your friend,
Jungwoo

아낌없이 주는 나무에게

너는 친절해.
너는 소년에게 모든 것을 주었어.
나는 네가 좋은 친구라고 생각해.
너를 만나고 싶어.

너의 친구,
정우

4 『아낌없이 주는 나무』의 다른 등장인물인 소년에게도 편지를 써 보세요.

Dear Boy,

You have a tree friend.
You get everything from the tree.
I _____ you are happy.
I _____ to play with you.

Your friend,

_____

소년에게

너는 나무 친구가 있지.
너는 나무 친구에게서 모든 것을 얻지.
나는 네가 행복하다고 생각해.
너랑 같이 놀고 싶어.

너의 친구,
(보내는 사람 이름)

Wrap up

◉ **내가 읽은 책 중에서 주인공을 한 명 골라 그(녀)에게 편지를 쓰세요.**

Q1 책 제목은 무엇인가요?

_____

Q2 주요 등장인물들은 누구인가요?

_____

Q3 그들 중 누구에게 편지를 쓸 건가요?

_____

받는 사람 이름   Dear _____ ,

편지 내용   _____

_____

_____

_____

_____

_____ ,

보내는 사람 이름   _____

D. 주인공 되어 보기

○ 주인공이 다양한 모험을 하는 것을 읽다 보면 마치 내가 겪고 있는 듯한 느낌이 들 때가 있어요. 주인공이 행복하면 기분이 좋아지고, 위험에 빠지면 안타까워하지요. 내가 그 주인공이라면 어떻게 행동했을지 생각해 보고 상상하여 글을 써 봐요.

참고 도서

① **The Happy Prince** 행복한 왕자

아름다운 보석과 금으로 치장한 왕자 동상과 그 동상을 도와주는 제비의 이야기가 따뜻하게 그려진 오스카 와일드(Oscar Wild)라는 작가의 동화예요. 내가 왕자 동상처럼 가진 것이 많았다면 나도 기꺼이 이웃들을 도와줄 수 있을까요?

② **Gulliver's Travels** 걸리버 여행기

영국 작가 조나단 스위프트(Jonathan Swift)의 작품으로 걸리버가 여러 나라를 여행하며 겪는 모험담이 펼쳐져 있어요. 걸리버가 첫 번째로 여행한 나라는 아주 작은 사람들이 사는 소인국이었어요. 그곳에서 거인이 된 걸리버가 어떤 일을 겪게 될지 생각해 봐요.

Words 자신의 기분을 나타내는 말

기분	
happy 행복한	excited 신나는
sad 슬픈	scared 무서운
angry 화난	surprised 놀란
nervous 초조한	delighted 기쁜
upset 화가 난, 당황스러운	worried 걱정스러운

Expressions

I am **happy**. 나는 행복해요.

I am ~, You are ~, He is ~, She is ~에서 ~ 부분에 감정이나 느낌을 표현하는 단어를 넣어요.

1 You are _____. 당신은 슬퍼요.

2 He is _____. 그는 행복해요.

3 She is _____. 그녀는 화가 나요.

I am worri**ed**. 나는 걱정스러워요.

기분을 나타내는 단어들 중에는 –ed를 붙인 형태가 많아요.

1 You are _____. 당신은 신이 나요.

2 She is _____. 그녀는 걱정스러워요.

3 He is _____. 그는 무서워요.

The Happy Prince

1 『행복한 왕자』의 줄거리를 읽어 보세요.

There is a beautiful prince statue in a city. People call him the Happy Prince. He is covered with jewels. People like him very much. One day, a swallow sees him crying. He is very sad because of the poor people. The swallow wants to help him. He askes the swallow, "Please give my jewels to the poor people." So the swallow gives jewels to them. Then the Happy Prince doesn't cry any more. But it is getting colder and colder. The swallow's friends leave to warm places. But the swallow is here with the Happy Prince. And he isn't beautiful any more.

The next day, people find an ugly statue and a dead swallow. They melt the statue, but the heart of the statue doesn't melt.

God tells an angel, "Take the two most precious things in the world." The angel takes Prince's heart and the dead swallow. So the Happy Prince and the swallow can live forever in heaven.

도시에 아름다운 왕자 동상이 있어요. 사람들은 그 동상을 '행복한 왕자'라고 하지요. 그 동상은 보석으로 덮여 있답니다. 어느 날, 제비는 그가 우는 걸 보게 돼요. 왕자는 가난한 사람들 때문에 슬퍼하지요. 제비는 돕고 싶어 해요. 왕자는 제비에게 "내 보석을 가난한 사람들에게 전해 줘."라고 부탁하지요. 제비는 보석을 그들에게 가져다 줘요. 그러고 나서 왕자는 더 이상 울지 않아요. 하지만 날씨가 점점 더 추워져서 다른 제비들은 따뜻한 곳으로 떠나 버려요. 제비는 행복한 왕자 옆에 있어요. 그는 더 이상 아름답지 않지요.
다음 날 사람들은 흉측해진 동상과 죽은 제비를 발견해요. 그들은 동상을 녹이려 하지만 동상의 심장은 녹지 않아요.
하나님이 천사에게 세상에서 가장 소중한 두 가지를 가져오라고 하자, 천사는 왕자의 심장과 죽은 제비를 가져오지요. 그래서 행복한 왕자와 제비는 천국에서 영원히 살게 된답니다.

2 책 속에서 왕자 동상이 느꼈던 감정을 모두 골라 동그라미 하세요.

happy   sad   angry   nervous   upset

excited   scared   surprised   delighted   worried

3 그림을 보고 위에서 해당되는 느낌을 골라 모두 쓰세요.

1) _____

2) _____

3) _____

4) _____

4 내가 왕자 동상이 되어 자신의 감정을 표현해 보세요.

They are poor. 그들은 가난하구나.

They are cold. 그들은 춥겠다.

I am very _____. 난 너무 **슬퍼**.

I hope to help them. 난 그들을 돕고 싶어.

5 『행복한 왕자』의 다른 장면을 보고 자신의 감정이나 느낌을 표현해 보세요.

She is _____. 그녀는 **가난하구나**.

She is hungry. 그녀는 배고프겠다.

I am very _____. 나는 너무 **걱정스러워**.

I hope to help her. 난 그녀를 돕고 싶어.

I give her jewels and she is happy. 내가 그녀에게 보석을 줘서 그녀는 행복해 하네.

I am _____, too. 나도 **행복해**.

② Gulliver's Travels

① 『걸리버 여행기』의 줄거리를 읽어 보세요.

Gulliver is travelling. One day,
걸리버　여행하다
the ship breaks because of a
strong storm. Everyone on the
폭풍
ship dies, but Gulliver doesn't
die. He swims and gets to an
island. It is Lilliput.
릴리풋
Very small people live there.
They help Gulliver. They give
him food and a home. Gulliver also helps them. He solves some problems.
해결하다　문제
One of their problems is their enemies. Gulliver fights against them. The
적들　맞서 싸우다
king of Lilliput likes him. The king asks him to make their enemies slaves.
노예
But Gulliver thinks it is not right. So he doesn't help the king. And when
there is a fire in the palace, Gulliver pees on it. The king is really angry. So
오줌을 누다
Gulliver runs away from Lilliput.
~에서 도망가다
Finally, he finds an English ship and comes back home to England.
마침내　영국

 해석 걸리버는 여행 중이에요. 어느 날, 심한 폭풍을 만나 배가 난파되지요. 배에 있던 모든 사람들이 죽고 걸리버만 살아남아요. 그는 수영을
해서 섬에 도착해요. 릴리풋이라는 섬이지요.
그곳에는 아주 작은 사람들이 살아요. 그들은 걸리버를 도와줘요. 그들은 그에게 음식과 집을 주지요. 걸리버도 그들을 도와줘요. 그는
몇 가지 문제를 해결해 줘요. 그들의 문제들 중의 하나는 그들의 적들이에요. 걸리버는 그들과 싸워 준답니다. 릴리풋의 왕은 걸리버가
아주 마음에 들어요. 왕은 적들을 노예로 만들어 달라고 하지요. 하지만 걸리버는 그게 옳지 않다고 생각해서 왕의 말을 듣지 않아요.
그리고 궁전에 불이 났을 때 걸리버가 오줌으로 불을 끄자 왕은 정말 많이 화가 나요. 그래서 걸리버는 릴리풋에서 도망쳐요.
마침내, 그는 영국 배를 발견하고 영국에 있는 집으로 돌아오게 된답니다.

② 책 속에서 걸리버가 느꼈던 감정을 모두 골라 동그라미 하세요.

<blockquote>
happy sad angry nervous upset

excited scared surprised delighted worried
</blockquote>

③ 그림을 보고 위에서 해당되는 느낌을 골라 모두 쓰세요.

1) _____

2) _____

3) _____

4) _____

4 내가 걸리버가 되어 자신의 감정을 표현해 보세요.

The ship is sinking. 배가 가라앉고 있어.

I'm _____! 난 무서워!

5 『걸리버 여행기』의 다른 장면에서 내가 걸리버가 되어 자신의 감정이나 느낌을 표현해 보세요.

I can't move. 움직일 수가 없어.

I am _____. 난 화가 나.

But the small people like me.
하지만 소인국 사람들이 날 좋아하네.

I am _____. 난 기뻐.

Wrap up

내가 읽은 책 중에서 주인공이 처한 상황을 우리말로 쓰고 자신의 감정이나 느낌을 영어로 쓰세요.

보기

책 제목

백설 공주

백설 공주가 사과를 먹었을 때

She <u>eats a poison apple</u>. 그녀가 독이 든 사과를 먹네.

I am <u>worried</u>. 난 걱정이 돼.

책 제목

He/She _____.

I am _____.

책 제목

He/She _____.

I am _____.

책 제목

He/She _____.

I am _____.

Unit 02
Specific Events

책 속에서 일어난 구체적인 사건에 대해 다뤄 봐요.

책에는 여러 가지 사건들이 시간의 흐름에 따라 기록되어 있어요. 일어난 일의 순서를 알아보고 기억에 남는 사건이나 혹은 책 속에서 일어난 가장 중요한 사건에 대해 독후 활동을 해 봐요.

A 신문 기사 만들기

B 사건 기록표

C 만화 그리기

D 기억에 남는 장면 그리기

다음 그림을 보고 일어난 순서대로 배열해 보세요.

사냥꾼이 소녀를 도와주었어요.

빨간 모자를 쓴 소녀는 할머니 집으로 가고 있었어요.

늑대는 할머니를 잡아 먹은 후 침대에 누워 소녀를 기다리고 있었어요.

소녀는 할머니 집에 가는 길에 늑대를 만났어요.

2

A. 신문 기사 만들기

신문 기사는 무슨 일이 일어났는지를 간단하고 분명하게 나타내는 글이에요. 기억에 남는 장면이나 인상 깊었던 주인공의 행동을 보여 주는 신문 기사를 만들어 봐요.

 참고 도서

1 **The Dog of Flanders** 플랜더스의 개

'플랜더스의 개'는 영국의 작가 위다(Ouida)의 작품으로, 벨기에의 플랜더스 지역에 살고 있는 네로와 늙은 개 파트라슈의 이야기를 담고 있어요. 따뜻한 마음씨를 갖고 있는 소년 네로는 일찍 부모님을 여의고 할아버지와 함께 살고 있어요. 그림을 좋아해서 화가가 되고 싶다는 네로는 꿈을 이룰 수 있을까요?

2 **A Lazy Boy Who Became a Cow**
소가 된 게으름뱅이

옛날에 놀기만 좋아하고 일은 하기 싫어하는 게으름뱅이가 소가 된다는 우리나라 전래 동화예요. 아내의 잔소리를 피해 집을 나간 게으름뱅이는 소의 탈을 만들고 있는 한 할아버지를 만나게 돼요. 게으름뱅이가 어떻게 밭에서 일을 하는 소가 되었을까요?

Writing an Article 신문 기사 쓰기

Tom Finds a Treasure Map!

Yesterday, Tom found a treasure map.
It was under the roof.
He was cleaning the house.

제목	제목의 첫 자는 대문자로 써요.
Tom이 보물 지도를 발견하다!	(단, a, an, the, of, and는 제외)

그림	신문 기사를 잘 표현할 수 있는 그림을 그려요.

내용	신문 기사를 작성할 때에는
어제 Tom은 보물 지도를 발견했어요. 그것은 지붕 아래에 있었어요. Tom은 청소를 하고 있었어요.	when(언제), where(어디서), who(누가), what(무엇을)에 대해서 써요.

Expressions

It is hot. 날씨가 더워요.

hot 대신에 cold(추운), sunny(화창한), rainy(비 오는)와 같은 단어를 쓸 수 있어요.

1 It is _____. 날씨가 화창해요.

2 It is _____. 비가 와요.

3 It is _____. 날씨가 추워요.

A Dog of Flanders

1 『플랜더스의 개』의 줄거리를 읽어 보세요.

Nello lives with his grandfather.
네로
One day, they find a dog. The dog is
hungry and sick. They take the dog
home and name him Patrasche. Nello
파트라슈
takes care of him. So Patrasche
돌보다
becomes healthy. Nello helps his
건강한
grandfather with Patrasche. They sell milk.

Nello and Aloise are good friends. Aloise's father is rich. He doesn't like
알로아
Nello. Nello likes to draw. But he has no money for paper or paints. He
그리다
enters a drawing contest. If he wins the first prize, he can get much
그림 대회에 나가다   일등
money. And he needs money to see Rubens' picture in a church. But he
필요하다   루벤스의
doesn't get first prize. Besides, his grandfather died. Nello and Patrasche
게다가
can't eat anything for three days.

On Christmas Eve, Nello and Patrasche go to a church. The next morning,
they freeze to death under Rubens' picture.
얼어 죽다

 해석 네로는 할아버지와 함께 살아요. 어느 날 굶주리고 아픈 개 한 마리를 발견하게 되지요. 네로는 그 개를 데려와서 '파트라슈'라고 이름을
짓고 돌봐 줘요. 파트라슈는 건강해 져요. 네로와 파트라슈는 할아버지를 도와 우유를 팔아요.
네로는 알로아와 좋은 친구예요. 알로아 아빠는 부자예요. 그는 네로를 좋아하지 않아요. 네로는 그림 그리는 걸 좋아하는데 종이와 물
감을 살 돈은 없어요. 그래서 그림 대회에 나가요. 거기서 일등을 하면 많은 상금을 받을 수 있거든요. 교회에 있는 루벤스 그림을 보기
위해서는 돈이 필요해요. 하지만 우승하지 못해요. 게다가 할아버지마저 돌아가시고 말아요. 네로와 파트라슈는 3일 동안 아무것도 먹
지 못하지요.
크리스마스 이브에 네로와 파트라슈는 교회에 가요. 그리고 다음 날 그들은 루벤스 그림 아래에서 얼어 죽게 돼요.

2 『플랜더스의 개』를 읽고 질문에 대한 답을 보기에서 골라 쓰세요.

보기

a drawing contest   for paper and paints
grandfather and Patrasche   They sell milk.

Q1 네로는 누구와 함께 사나요?

_____

Q2 그들은 무엇을 파나요?

_____

Q3 왜 네로는 돈이 필요한가요?

_____

Q4 네로는 돈을 얻기 위해 어디에 나가나요?

_____

3 『플랜더스의 개』의 주요 장면을 보고 신문 기사를 쓰세요.

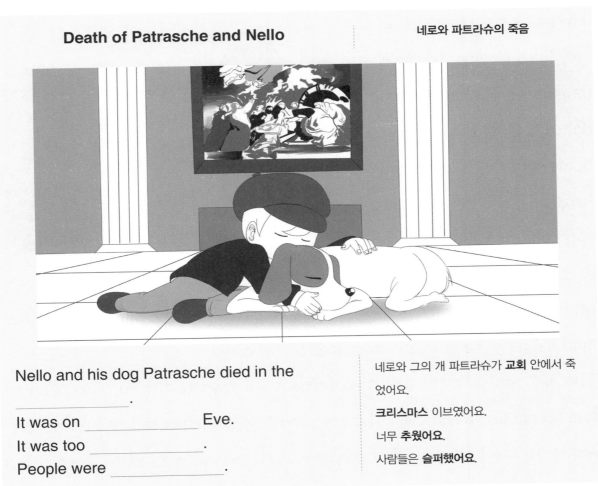

Death of Patrasche and Nello

네로와 파트라슈의 죽음

Nello and his dog Patrasche died in the

_____.

It was on _____ Eve.

It was too _____.

People were _____.

네로와 그의 개 파트라슈가 **교회** 안에서 죽었어요.

크리스마스 이브였어요.

너무 **추웠어요.**

사람들은 **슬퍼했어요.**

4 위의 기사 내용을 올바른 순서대로 배열하여 요약하세요.

died in the church / On Christmas Eve, / So people / because of cold weather. /
were sad. / Nello and his dog

크리스마스 이브에 네로와 그의 개가 추운 날씨 때문에 교회에서 죽었어요. 그래서 사람들이 슬퍼했어요.

2 A Lazy Man Who Became a Cow

1 『소가 된 게으름뱅이』의 줄거리를 읽어 보세요.

There is a lazy man. He
only likes playing. In spring,
게으른
people work hard, but he
doesn't. One day he leaves
home and finds a strange
이상한
house. In the house, there
is an old man. He is making
a cow mask. The lazy man
가면
wants to wear the mask. So the old man gives him the mask. When the lazy
(가면을) 쓰다
man wears it, he suddenly becomes a real cow.
갑자기   진짜

The old man sells the cow to a farmer. He says to the farmer, "Don't feed
농부   먹이다
him turnip or he will die." The cow, the lazy man, has to work hard. The cow
무
wants to die because of the heavy work. So he eats some turnip. But he
힘든 일
turns back to a man. He is so happy, but it is just a dream. After that, he
다시 돌아오다   꿈
doesn't want to be a lazy man. He works hard.

 해석

놀기만 좋아하는 게으름뱅이가 있어요. 봄이 되어 사람들이 열심히 일할 때, 게으름뱅이는 아무것도 하지 않아요. 어느 날, 밖에 나갔다
가 이상한 집을 발견해요. 그 집에는 노인이 소의 가면을 만들고 있어요. 게으름뱅이는 가면을 한번 써 보고 싶어 하지요. 노인은 그에
게 가면을 건네줘요. 게으름뱅이가 그 가면을 쓰자 그는 갑자기 진짜 소가 돼요.
노인은 그 소를 농부에게 팔아 버려요. 그는 농부에게 "소에게 무를 먹이지 마시오. 무를 먹으면 죽어요."라고 말해요. 소가 된 게으름뱅
이는 힘들게 일해야 해요. 너무 힘들게 일해서 죽고 싶어 하지요. 그래서 그는 무를 먹어요. 그랬더니 다시 사람이 돼요. 그는 너무 기뻐
하지만, 그것은 단지 꿈이에요. 그 후로 그는 게으른 사람이 되지 않고 일을 열심히 하는 사람이 돼요.

2 『소가 된 게으름뱅이』를 읽고 질문에 대한 답을 보기에서 골라 쓰세요.

보기

in his dream   a lazy man   He becomes a cow.   Because he is lazy.

Q1 누가 나오나요?

_____

Q2 무슨 일이 일어나나요?

_____

Q3 어디에서 일어나나요?

_____

Q4 왜 그런 일이 일어나나요?

_____

3 『소가 된 게으름뱅이』의 주요 장면을 보고 신문 기사를 쓰세요.

A Lazy Man Becomes a Cow

게으른 사람이 소가 되다

The lazy man became a _____ .
He worked. It was _____ .
He was _____ .
But it was his _____ .

게으른 사람이 **소가** 되었어요.
그는 일을 했어요. 날이 **더웠어요.**
그는 **슬펐어요.**
그러나 그것은 그의 **꿈**이었어요.

4 위의 기사 내용을 올바른 순서대로 배열하여 요약하세요.

was so sad / But it was his dream. / on a hot day. / because he worked / The lazy man

게으름뱅이는 더운 날 일을 해서 슬펐어요. 그러나 그것은 꿈이었어요.

Wrap up

내가 읽은 책 중 기억에 남는 장면을 하나 골라 질문에 영어로 답하고 신문 기사를 써 보세요.

Q1 누가 나오나요?

_____

Q2 무슨 일이 일어났나요?

_____

Q3 언제 일어났나요?

_____

Q4 어디에서 일어났나요?

_____

기사 제목   _____

기사 그림

기사 내용   _____

_____

_____

B. 사건 시간표

일어난 일을 순서대로 써 보면 이야기가 한 눈에 들어와요. 차근차근 처음 있었던 일부터 시간의 흐름에 따라 나열해 보면 전체적인 줄거리도 쉽게 이해되지요. 이야기를 어떤 방식으로 차례로 정리해 볼 수 있을지 한번 살펴봐요.

참고 도서

1 **The Myth of Dangun** 단군신화

우리 민족이 어떻게 생겨났는지 어떤 기원을 가지고 있는지를 보여 주는 이야기로 '삼국유사'라는 책에 실려 있어요. 곰과 호랑이가 사람이 되기 위해 동굴에서 마늘을 먹고 기다린 이야기를 들어 보았나요? 바로 단군신화의 일부분이랍니다. 과연 곰과 호랑이가 모두 사람이 되었을까요?

2 **Byeoljubujeon** 별주부전

우리나라에 전해 내려오는 옛날 이야기 중 하나로, 토끼와 거북이가 등장하지요. 용왕님의 병을 고치기 위해 거북이는 토끼의 간을 구하러 땅으로 와서, 토끼를 꾀어 바닷속 용궁으로 데리고 가게 돼요. 과연 토끼는 살아서 다시 땅으로 돌아올 수 있을까요?

Words 연결해 주는 말

연결해 주는 말	순서를 나타내는 말
so 그래서	at first 처음에는
then 그러고 나서	then 그러고 나서
and 그리고	next 그 다음에
but 그러나	at last 마지막으로
because 왜냐하면 ~때문에	finally 마침내
	later 나중에

Expressions

It was cold. **So** I stayed at home. 날씨가 추웠어요. 그래서 나는 집에 있었어요.

문장과 문장을 연결할 때 so, then, but 등의 단어를 쓸 수 있어요.

1 I was sad. _____ I cried. 나는 슬펐어요. 그래서 나는 울었어요.

2 She read a book. _____ she watched TV.
그녀는 책을 읽었어요. 그러고 나서 그녀는 TV를 봤어요.

3 Tom came. _____ Jane didn't come. Tom이 왔어요. 하지만 Jane은 오지 않았어요.

At first, I called my mom. 처음에는, 나는 엄마에게 전화했어요.

순서를 나타내는 표현은 주로 문장 맨 앞에 와요.

1 _____, I found my phone. 처음에는, 나는 내 전화기를 찾았어요.

2 _____, I called my dad. 마지막으로, 나는 아빠에게 전화를 했어요.

3 _____, he met his older brother. 마침내, 그는 그의 형을 만났어요.

The Myth of Dangun

1 『단군신화』의 줄거리를 읽어 보세요.

Heaven's king, Hwan-in, tells his son, Hwan-ung, "Go to the human world. Take care of the people." People in the human world are poor and sick. Some people do bad things. So

Hwan-ung builds a country and makes the right rules.

One day, a bear and a tiger come to him and say, "We want to be humans."

He says, "You need to eat only garlic and clove for a hundred days in a cave.

Then you will be humans." After twenty one days, the tiger gives up. But the bear makes it.

The bear turns into a beautiful woman, Ungnyeo. Hwan-ung marries her.

Then they have a son. He is Dangun. Prince Dangun is wise and strong.

When he grows up, he builds a country named Gojoseon. He becomes the forefather of the people of Korea.

 해석   하늘나라의 왕인 환인은 그의 아들 환웅에게 "인간 세상에 가서 사람들을 돌봐 주어라."라고 말하셨어요. 인간 세상에 있는 사람들은 가난하고 병들었어요. 나쁜 짓을 하는 사람들도 있지요. 그래서 환웅은 나라를 세워 올바른 규칙들을 만들어요.
어느 날 곰과 사자가 환웅에게 와서 "우리도 사람이 되고 싶어요."라고 부탁을 하자 환웅은 "동굴에서 백일 동안 마늘과 쑥을 먹어야 인간이 될 수 있다."고 얘기해요. 스무 하루가 지나자 호랑이는 포기하고 말아요. 하지만 곰은 성공해요.
곰은 아름다운 여자 '웅녀'가 돼요. 환웅은 웅녀와 결혼하여 아들을 낳는데 바로 단군이에요. 단군왕검은 지혜롭고 힘이 셌어요. 그는 자라서 고조선이라는 나라를 세워요. 단군왕검은 우리나라의 조상이 된답니다.

2 다음 문장을 『단군신화』 순서에 맞게 배열하세요

1) The bear becomes a woman.
2) The tiger gives up.
3) A bear and a tiger live in a cave.
4) The bear lives alone.
5) She marries Hwan-ung.

(   ) – (   ) – (   ) – (   ) – (   )

3 『단군신화』를 읽고 문장을 연결하거나 순서를 나타내는 단어를 찾아서 동그라미 하세요.

A bear and a tiger live in a cave. At first, they live together well. They eat garlic and cloves. Then the tiger gives up. So the bear lives alone. Finally, the bear becomes a woman. She marries Hwan-ung.

곰과 호랑이가 동굴에서 살아요. 처음에, 그들은 함께 잘 지내요. 그들은 마늘과 쑥을 먹어요. 그러고 나서 호랑이는 포기해요. 그래서 곰은 혼자 살아요. 마침내, 곰은 여자가 돼요. 환웅은 그녀와 결혼을 해요.

4 빈칸에 들어갈 말을 보기에서 골라 쓰세요.

> **보기**
>
> so   Finally   because   At first

1) The tiger can't be a human, _____ he gives up.
   호랑이는 포기하기 때문에 인간이 될 수 없어요.

2) The bear doesn't give up, _____ she can be a human.
   곰은 포기하지 않아서 인간이 될 수 있어요.

3) _____, the bear becomes a beautiful woman.
   마침내, 그 곰은 아름다운 여자가 돼요.

4) _____, a bear and a tiger live together in a cave.
   처음에는, 곰과 호랑이가 동굴에서 같이 살아요.

5 「단군신화」를 읽고 빈칸에 들어갈 말을 쓰세요.

Hwan-ung goes down to the world. He teaches people. He meets a woman. Her name is Ungnyeo. _____, she is a bear. The bear lives in a cave for a hundred days. _____, the bear becomes a woman. She marries Hwan-ung. And she has a baby. The baby is Dangun. He grows up. _____, he becomes a king.

환웅이 땅으로 내려가요. 그는 사람들을 가르쳐요. 그는 한 여자를 만나요. 그녀의 이름은 웅녀예요. 처음에는, 그녀는 곰이에요. 그 곰은 백일간 동굴에 있어요. 그리고 나서 그 곰은 여자가 돼요. 그녀는 환웅과 결혼해요. 그리고 그녀는 아이를 가져요. 그 아이가 단군이에요. 그는 자라서, 마침내, 왕이 돼요.

2 Byeoljubujeon

1 『별주부전』의 줄거리를 읽어 보세요.

The dragon king lives under the sea. One day, he is very sick. A sea doctor tells him, "You need to eat a rabbit's liver." Only a turtle can breathe outside the water.

용왕 아픈 간 거북이 숨쉬다 밖에서

So the king sends a turtle to catch a rabbit.

잡다

On the land, the turtle finds a rabbit. He says to the rabbit, "If you come with me, you can have delicious food and lots of jewels." The rabbit believes him. They go to the palace together. But the dragon king wants to kill the rabbit. So the rabbit lies. "My liver is on a rock to dry. I'll bring back my liver." The king believes the rabbit's lie.

맛있는 믿다 궁궐 거짓말하다 말리다 가져오다

So the turtle takes the rabbit back to the land. Then the rabbit runs away.

도망가다

 해석 바다에 용왕이 살아요. 어느 날 용왕이 매우 아파요. 바다에 사는 의사가 "토끼의 간을 먹어야 합니다."라고 말해요. 거북이는 물 밖에서 숨을 쉴 수 있어서 용왕은 거북이에게 토끼를 잡아 오라고 해요.

땅 위에서 거북이는 토끼를 발견하지요. 그는 토끼에게 "나와 함께 가면 맛있는 음식도 먹고 보석도 가질 수 있어."라고 얘기해 줘요. 토끼는 거북이의 말을 믿지요. 그래서 그들은 함께 궁궐로 가요. 하지만 용왕이 토끼를 죽이려고 하자 토끼는 "내 간은 말리려고 바위 위에 놓았어요. 제가 간을 가져올게요."하고 거짓말을 해요. 용왕은 토끼의 거짓말을 믿어요.

그래서 거북이가 다시 토끼를 땅 위로 데려다 줘요. 그러자 토끼는 도망가 버리고 말았답니다.

2 다음 문장을 『별주부전』 순서에 맞게 배열하세요

1) The turtle and the rabbit go under the sea.
2) The turtle and the rabbit go back to the land.
3) The turtle finds a rabbit.
4) The rabbit lies to the king
5) The king of the sea is sick.

(   ) – (   ) – (   ) – (   ) – (   )

3 『별주부전』을 읽고 문장을 연결하거나 순서를 나타내는 단어를 찾아서 동그라미 하세요.

The dragon king of the sea is sick. He needs a rabbit's liver. So the turtle goes to the land for a rabbit's liver. Then the turtle and the rabbit go under the sea together. Later the rabbit lies. The rabbit says, "My liver is on the land."

용왕이 아파요. 그는 토끼의 간이 필요해요. 그래서 거북이가 토끼의 간을 찾으러 땅으로 가요. 그리고 나서 거북이와 토끼는 함께 바닷속으로 가요. 나중에 토끼는 거짓말을 해요. 토끼는 "내 간은 땅 위에 있어요."라고 하지요.

4 빈칸에 들어갈 말을 보기에서 골라 쓰세요.

> **보기**
>
> So   But   Because   And

1) A turtle goes to the land from the sea. _____ the turtle can breathe outside the water.

   거북이는 바다에서 땅으로 가요. 왜냐하면 거북이는 물 밖에서 숨을 쉴 수 있기 때문이죠.

2) A rabbit wants to run away. _____ the rabbit tells a lie.

   토끼는 도망가고 싶어요. 그래서 토끼는 거짓말을 해요.

3) A rabbit goes to the palace with the turtle. _____ the dragon king wants to kill the rabbit.

   토끼는 거북이랑 궁궐로 가요. 하지만 용왕은 그 토끼를 죽이려 해요.

4) A turtle goes to the land. _____ he finds a rabbit.

   거북이는 땅으로 가요. 그리고 그는 토끼를 발견해요.

5 『별주부전』을 읽고 빈칸에 들어갈 말을 쓰세요.

The dragon king of the sea is very sick. A doctor needs a rabbit's liver. _____ a turtle goes to the land. _____ he finds a rabbit. The turtle brings the rabbit to the sea. _____, the rabbit is happy. _____ he can eat delicious food. But the rabbit knows he is in danger. So the rabbit tells a lie. _____, the rabbit runs away.

바다의 용왕이 매우 아파요. 의사는 토끼의 간이 필요해요. 그래서 거북이는 땅으로 가요. 그리고 그는 토끼를 찾아요. 거북이는 토끼를 바다로 데리고 와요. 처음에 토끼는 좋아해요. 왜냐하면 그는 맛있는 음식을 먹을 수 있으니까요. 하지만 토끼는 위험에 빠진 걸 알게 돼요. 그래서 토끼는 거짓말을 해요. 마침내, 토끼는 도망칠 수 있게 돼요.

Wrap up

◉ 내가 읽은 우리나라 옛이야기에 대한 질문에 영어로 답하세요.

Q1 책 제목은 무엇인가요?

_____

Q2 등장인물은 누구인가요?

_____

Q3 처음 일어난 일과 그 다음에 일어난 일은 무엇인가요?

_____

Q4 마지막에 일어난 일은 무엇인가요?

_____

◉ 위의 질문들에 대한 답을 보고 빈칸을 채우세요.

책 제목	_____
등장인물	There is(are) _____ _____.
처음 일어난 일	At first, he/she _____ _____.
다음 일어난 일	Then _____ _____.
마지막에 일어난 일	Finally, _____ _____.

C. 만화 그리기

○ 책에 있는 중요한 사건을 골라 간단하게 만화로 나타내 봐요. 문장이나 단어로 나타낼 수도 있고 주인공들의 대화나 이야기를 말풍선으로 재미있게 나타낼 수도 있어요.

참고 도서

1 **The Fox and Grapes** 여우와 포도

그리스의 이솝(Aesop)이라는 이야기꾼이 쓴 우화 예요. 이솝은 주로 동물들을 주인공으로 수많은 이 야기를 재미있게 만들어 내는 재주꾼이었지요. 여러분들이 알고 있는 많은 우화가 이솝이 쓴 거예요. 배고픈 여우는 높이 매달린 잘 익은 포도를 보고 무슨 생각을 했을까요?

2 **The Pied Piper of Hamelin**
피리 부는 사나이

독일의 하멜른(Hamelin)이라는 지방에서 전해 내려오는 이야기예요. 하멜른이라는 마을은 아름다웠지만 쥐가 많아 골치였어요. 이 골칫거리인 쥐를 없애기 위해 한 사나이가 나타나게 되는데, 그가 바로 마법의 피리를 가지고 있는 피리 부는 사나이에요. 피리 부는 사나이는 이 마을의 쥐를 모두 없앴을까요?

Drawing Cartoons 만화 그리기

◎ 간단히 선으로만 그려도 좋아요.

◎ 말풍선을 넣어주면 이해가 쉬워요.

Oh, my gosh! I became a cow!

◎ 중요한 장면이나 마지막 장면의 특징을 잡아 표현해요.

Expressions

It is sweet. 그것은 달콤해요.

sweet 대신에 sour(맛이 신), salty(짠), spicy(매운) 같은 단어를 넣을 수 있어요.

1 It is _____. 그것은 짜요.

2 It is _____. 그것은 매워요.

I will play a pipe. 나는 피리를 연주할 거예요.

will은 '~할 것이다'라는 뜻으로 앞으로 할 일을 나타내요.

1 I _____ clean the room. 나는 방 청소를 할 거예요.

2 She _____ read a book. 그녀는 책을 읽을 거예요.

The Fox and Grapes

1 『여우와 포도』의 줄거리를 읽어 보세요.

A fox is very hungry. He finds a grape tree. But the grapes are hanging
포도 나무   매달려 있다
high on the branches. He tries to get some grapes. But he can't get them
나뭇가지
because they are too high. He jumps again. But they are still too high. He
다시   여전히
tries again and again. But he can't get them.

Finally, he gives up and walks away. He thinks, "Oh, they are probably sour,
마침내   포기하다   아마도   맛이 신
and I don't want them any!"

 해석 여우는 몹시 배가 고파요. 포도 나무를 발견했지만 포도는 나뭇가지에 높게 매달려 있어요. 여우는 포도를 따려고 해요. 하지만 포도가
너무 높아서 여우는 포도에 닿을 수 없어요. 그는 다시 뛰어오르지만 그것들은 여전히 너무 높아요. 여우는 계속 애써 보지만 그것들에
닿을 수가 없어요.
결국, 여우는 포기하고 그 자리를 떠나 버려요. 여우는 속으로 "아, 저 포도는 아마 신 맛이 날 거야. 난 먹고 싶지 않은 걸'하고 생각한
답니다.

2 여우의 말풍선에 들어갈 말을 보기에서 찾아 밑줄에 쓰세요.

> **보기**
>
> I am full.　　　　I like jumping.　　　　Wow, apples!　　　　It is very pretty.
> The tree is beautiful!　　Probably the grapes are sour.　　Whew~ It is too high!

1) _____

2) _____

3 보기를 참고해서 여우의 말풍선을 만들고 두 컷 만화로 간단히 표현해 보세요.

1)

2)

2 The Pied Piper of Hamelin

1 『피리 부는 사나이』의 줄거리를 읽어 보세요.

In Hamelin, there are a
lot of rats. People hate
하멜른   쥐   싫어하다
rats because they can get
sick. One day, the mayor
시장
and some people in the
town talk about the rat
problem. A piper comes
문제   피리 부는 사람
and says, "I'll take all the rats away." So the mayor promises to pay him.
약속하다   돈을 주다
The piper plays his pipe. Some rats begin to follow him. He keeps playing
피리   따라가다
the pipe. More rats follow him. At a river, he walks into the river. All the
rats fall into the water. There are no more rats in the town. But the mayor
~로 빠지다
doesn't pay him. The piper is very angry.
화난
That night, he plays his pipe. Only the children can hear it. All the children
in the town follow him. They leave the town and go into a cave. The door of
떠나다   동굴
cave closes. No one can see them. The mayor regrets not paying the piper.
후회하다

 해석 하멜른에는 쥐가 많아요. 사람들은 자신들이 아플 수 있기 때문에 쥐들을 싫어하지요. 어느 날, 시장과 마을 사람들이 쥐 문제에 대해
이야기를 해요. 그러자 피리 부는 사나이가 "모든 쥐를 없애 주겠소."라고 말해요. 그래서 시장은 그에게 돈을 주기로 약속하지요.
피리 부는 사나이가 피리를 불자 쥐 몇 마리가 그를 따라가요. 계속 불자 더 많은 쥐가 그를 따라가요. 피리 부는 사나이가 강 속으로 들
어가자 모든 쥐들이 같이 따라 들어가 물에 빠져요. 마을에 쥐가 모두 없어지지요. 하지만 시장은 돈을 주지 않아요. 피리 부는 사나이
는 무척 화가 나요.
그날 밤 그는 피리를 부는데, 아이들만 그 소리를 들을 수 있어요. 마을의 모든 아이들이 그를 따라가요. 그들은 마을을 떠나 동굴 속으
로 들어가요. 동굴 입구는 막혀 버려요. 아무도 아이들을 볼 수 없어요. 시장은 피리 부는 사나이에게 돈을 주지 않은 것을 후회한답니
다.

말풍선에 들어갈 말을 보기에서 찾아 밑줄에 쓰세요.

보기

I like rats.   I will take the children!   I don't want any money.

Wow, he is really good.   Give me money. Then I will kill the rats.

1) _____

2) _____

3 보기를 참고해서 피리 부는 사나이의 말풍선을 만들고 두 컷 만화로 간단히 표현해 보세요.

보기

I will kill all the rats.
Okay, now give me the money.

I'm so angry. He didn't give me the money.
Horray! There are no rats here.

1)

2)

Wrap up

◉ 내가 읽은 책의 줄거리를 참고해서 두 컷 만화로 간단히 표현해 보세요.

책 제목

1)

2)

D. 기억에 남는 장면 그리기

○ 책을 읽고 나면 여러 가지 사건이나 일화 중에서 가장 기억에 남는 장면이 있지요? 인물의 생김새와 사건의 배경 등을 생각하며, 기억에 남는 장면을 상상하여 그려 보고 글로 표현해 봐요.

 참고 도서

1 Pinocchio 피노키오

착한 목수인 제페토 할아버지가 나무를 깎아 만든 작은 인형 피노키오의 이야기는 만화 영화로 더 유명하죠? 거짓말을 할 때마다 코가 길어지는 말썽꾸러기 피노키오는 갖가지 모험을 겪으면서 결국은 제페토 할아버지를 구하는 착한 사람이 돼요. 그럼 피노키오와 함께 모험을 떠나 볼까요?

2 Simcheongjeon 심청전

우리나라 고전 소설인 '심청전'은 눈 먼 아버지를 봉양하는 착한 효녀의 상징인 심청이 그 주인공이지요. 심청은 공양미 300석을 부처님께 바치면 아버지가 눈을 뜰 수 있다는 말에 스스로 인당수에 빠지게 돼죠. 과연 효녀 심청은 어떻게 살아나게 될까요?

Words 최고를 나타내는 말

the -est(가장 ~한)	the most(가장 ~한)
the happiest 가장 행복한 the funniest 가장 재미있는 the saddest 가장 슬픈	the most beautiful 가장 아름다운 the most memorable 가장 기억에 남는 the most interesting 가장 재미있는 the most exciting 가장 흥미로운

I like **this part**. 나는 이 부분을 좋아해요.

this part 대신에 the first part(첫 부분), the ending part(끝 부분), the last part(마지막 부분)을 넣어도 좋아요.

1 I like the _____ part. 나는 첫 부분을 좋아해요.

2 I like the _____ part. 나는 끝 부분을 좋아해요.

3 I like the _____ part. 나는 마지막 부분을 좋아해요.

It is **the most beautiful** scene. 그것은 가장 아름다운 장면이에요.

the most beautiful 대신에 그 장면을 묘사하는 다양한 표현을 쓸 수 있어요.

1 It is the _____ scene. 그것은 가장 행복한 장면이에요.

2 It is the _____ scene. 그것은 가장 슬픈 장면이에요.

3 It is the most _____ scene. 그것은 가장 흥미로운 장면이에요.

1 Pinocchio

1 『피노키오』의 줄거리를 읽어 보세요.

Geppetto makes a wooden puppet.
제페토   나무 인형
He thinks the puppet is his son. So
he names it 'Pinocchio.' Pinocchio
   이름 짓다   피노키오
can talk and walk. Pinocchio wants
to be a real boy. One day, a good
fairy comes and says to him, "If you
   요정
are good and brave, I'll make you
                    용감한
into a real human." But Pinocchio is
naughty. He often tells a lie. So the
말을 안 듣는   자주   거짓말하다
fairy says to him, "If you lie, your

nose will grow longer and longer." Pinocchio promises not to tell a lie.
          자라다   약속하다
One day, Pinocchio can't see Geppetto. Pinocchio looks for him everywhere.
                                                      찾다
Finally, they meet in the belly of a whale. Geppetto always worries about
                        배   걱정하다
Pinocchio. He really feels sorry for Geppetto. And he feels Geppetto's love.

After they come home, the fairy changes Pinocchio into a real boy.

해석

제페토는 나무 인형을 만들어요. 그는 그 인형을 아들처럼 여겨요. 그는 그 인형에 '피노키오'라는 이름도 지어 주지요. 피노키오는 말도
하고 걷기도 해요. 피노키오는 진짜 사람이 되고 싶어 해요. 어느 날 요정이 와서 "착하고 용감해지면 너를 진짜 사람으로 만들어 줄게."
라고 말해요. 하지만 피노키오는 말을 잘 안 듣고, 종종 거짓말도 해요. 그래서 요정은 "거짓말을 하면 코가 점점 길어질 거야."라고 하
지요. 피노키오는 거짓말하지 않기로 약속해요.
어느 날 피노키오는 제페토를 찾을 수 없어요. 피노키오는 그를 전부 다 찾아 봐요. 결국 고래 배 속에서 만나게 되지요. 제페토는 항상
피노키오를 걱정해요. 피노키오는 너무 미안해 해요. 그는 제페토의 사랑을 느끼죠.
집으로 돌아온 후에, 요정은 피노키오를 진짜 사람으로 만들어 준답니다.

2 『피노키오』에서 기억에 남는 장면을 우리말로 세 가지 쓰세요.

1) _____

2) _____

3) _____

3 위의 세 장면 중 하나를 골라 질문에 답하세요.

1) 사건이 일어난 배경은 어디인가요? _____

2) 그 장면에 누가 등장하나요? _____

3) 등장인물의 기분은 어떠했을까요? _____

4 그 장면들이 좋은 이유를 보기에서 골라 빈칸에 쓰세요.

> **보기**
>
> the happiest   the funniest   the saddest   the most beautiful
> the most memorable   the most interesting   the most exciting

1) It is the happiest scene.

가장 행복한 장면이에요.

2) It is _____ scene.

_____ 장면이에요.

3) It is _____ scene.

_____ 장면이에요.

4) It is _____ scene.

_____ 장면이에요.

5 성민이가 『피노키오』에서 기억에 남는 장면을 생각하며 자신의 느낌을 표현한 글을 읽어 보세요.

기억에 남는 부분:

I like the first part.
난 처음 부분이 좋아요.

기억에 남는 장면 설명:

When Pinocchio lies, his nose grows longer.
피노키오가 거짓말을 하자, 그의 코가 길어져요.

기억에 남는 이유:

It is the funniest scene.
그것이 가장 재미있는 장면이에요.

6 다음 『피노키오』의 장면을 보고 자신의 느낌을 표현해 보세요. (밑줄 친 부분만 바꿔 쓰면 더 쉽게 쓸 수 있어요.)

기억에 남는 부분:

I like _____.

기억에 남는 장면 설명:

Pinocchio and Geppetto meet in the _____ of a _____.
피노키오와 제페토는 고래 배 속에서 만나요.

기억에 남는 이유:

It is

_____.

2 Simcheongjeon

① 『심청전』의 줄거리를 읽어 보세요.

Simcheong lives with her father. He is blind.
(심청)
People call him "Simbongsa." They are very poor.
(심봉사)
She takes care of her father very well. One
(보살피다)
day, he falls in the river. A monk saves his life.
(스님) (구하다)
The monk tells him, "If you give three hundred
bags of rice to the temple, you will see again." Simcheong wants to get
(절)
three hundred rice bags.

Some sailors are looking for a girl. They believe a girl has to fall into the
(선원들) (찾다) (믿다)
sea for calm weather. Shimcheong wants to do it. Sailors give her three
(잠잠한) (날씨)
hundred bags of rice. She dives into the sea. But she doesn't die. Under
(뛰어들다)
the sea she meets the Sea King. He is touched by her love. So he sends
(감동받다)
her back to the land in a lotus flower. One sailor finds her in the flower. He
(연꽃)
brings her to the king.
(가져가다)
The king marries her. She misses her father. The king has a party for all
(그리워하다) (잔치를 열다)
the blind in the country. Her father comes to the palace and meets her.

해석 심청은 아버지와 함께 살아요. 그는 눈이 보이지 않는 장님이에요. 사람들은 그를 '심봉사'라고 부르지요. 가난하지만 심청은 아버지를 잘 보살펴요. 어느 날 심봉사는 강에 빠지게 되고 스님이 구해 줘요. 스님은 "공양미 삼백 석을 절에 바치면 앞을 볼 수 있소."라고 얘기해 줘요. 심청은 공양미 삼백 석을 구하고 싶어 해요.
뱃사람들은 여자를 찾고 있어요. 바다에 여자가 빠지면 바다가 잠잠하다고 믿었거든요. 심청은 그 일을 하기로 해요. 왜냐하면 뱃사람들이 공양미 삼백 석을 주기로 했거든요. 심청이 바다에 빠지지만 죽지는 않아요. 그녀는 바닷속에서 용왕을 만나요. 용왕은 그녀의 효심에 감동 받아서 연꽃에 넣어 땅으로 돌려 보내요. 한 사공이 꽃 속의 그녀를 발견하고 그녀를 왕에게 데려가요.
왕은 그녀와 결혼을 해요. 그녀는 아버지를 그리워해요. 왕은 온 나라의 장님들을 위해 잔치를 열어요. 그녀의 아버지가 궁궐로 찾아 오게 되고 그는 그녀를 만나게 된답니다.

② 『심청전』에서 기억에 남는 장면을 우리말로 세 가지 쓰세요.

1) _____

2) _____

3) _____

③ 위의 세 장면 중 하나를 골라 질문에 답하세요.

1) 사건이 일어난 배경은 어디인가요? _____

2) 그 장면에 누가 등장하나요? _____

3) 등장인물의 기분은 어떠했나요? _____

④ 그 장면들이 좋은 이유를 보기에서 골라 빈칸에 쓰세요.

보기

the happiest   the funniest   the saddest   the most beautiful
the most memorable   the most interesting   the most exciting

1) It is the happiest scene.

가장 행복한 장면이에요.

2) It is _____ scene.

_____ 장면이에요.

3) It is _____ scene.

_____ 장면이에요.

4) It is _____ scene.

_____ 장면이에요.

5 선화가 『심청전』에서 기억에 남는 장면을 생각하며 자신의 느낌을 표현한 글을 읽어 보세요.

기억에 남는 부분:

I like the first part.

난 처음 부분이 좋아요.

기억에 남는 장면 설명:

Simcheong goes into the sea.

심청이 바다에 빠져요.

기억에 남는 이유:

It is the saddest scene.

이것이 가장 슬픈 장면이에요.

6 다음 『심청전』의 장면을 보고 자신의 느낌을 표현해 보세요. (밑줄 친 부분만 바꿔 쓰면 더 쉽게 쓸 수 있어요.)

기억에 남는 부분:

I like _____.

기억에 남는 장면 설명:

Her father comes to the _____ and meets Simcheong.

그녀의 아버지는 궁궐로 와서 심청이를 만나요.

기억에 남는 이유:

It is _____.

Wrap up

◉ 내가 읽은 책 중에서 가장 기억에 남는 장면을 상상하며 그려 보고 빈칸을 채우세요.

책 제목	_____
가장 기억에 남는 장면	
기억에 남는 장면 설명	_____ _____
기억에 남는 이유	It is _____ scene.

Unit 03

Overall View

이야기 전체를 이해하고 책에 대한 나만의 평가를 해 봐요.

지금까지 등장인물이나 구체적인 사건에 대한 다양한 활동을 해 봤어요. 이제, 전체 이야기를 이해하면서 책에 대한 나의 느낌을 표현해 보고, 책을 통해 배운 점을 중심으로 독후 활동을 해 봐요.

A 책에 대한 의견

B 보고서

C 책 광고하기

D 상 주기

Warm up

○ 책에 대한 느낌이나 감정 표현을 읽고 그에 어울리는 책 제목을 보기에서 골라 쓰세요.

보기

Peter Pan	Snow White	Hong Gil-dong
Pinocchio	The Giving Tree	Simcheongjeon

책 제목: Hong Gil-dong

책 제목:

책 제목:

A. 책에 대한 의견

○ 책을 읽고 나서 책에 대한 전체적인 느낌을 이야기해 볼 수 있어요. 누군가 "그 책 어땠어?"라고 물어보면 어떻게 대답할 수 있을까요? 자신이 읽은 책에 대한 다양한 의견이나 느낌을 어떻게 표현할 수 있는지 한번 살펴봐요.

참고 도서

① **King Sejong the Great** 세종대왕

세종대왕은 우리나라에서 가장 존경 받는 위인 중한 분이에요. 훈민정음인 우리나라 글은 세계에서도 인정한 훌륭한 언어지요. 한글을 만드신 세종대왕은 손재주도 뛰어나셨다는 것을 알고 있나요? 한글 외에 또 어떤 것을 발명하셨을까요?

② **My Sweet Orange Tree** 나의 라임 오렌지 나무

브라질 최고의 작가로 평가 받는 바스콘셀로스(J. M. Vasconcelos)의 대표적 작품으로, 세계 많은 나라에 번역되어 널리 사랑을 받고 있어요. 감수성이 예민한 다섯 살 소년 '제제'의 성장 소설이에요. 제제는 가난하지만 호기심 많고 영리하며 장난을 좋아하는 소년이에요. 제제는 아무도 자신을 이해하지 못한다고 생각해서 슬퍼해요. 제제는 이런 슬픔을 어떻게 이겨낼까요?

Words 느낌을 나타내는 말

밝은 느낌	어두운 느낌	그 외 다양한 느낌
amazing 굉장한 fantastic 환상적인, 엄청난 touching 감동적인 awesome 멋진 great 대단한	sad 슬픈 tragic 비극적인 disappointing 실망스러운	surprising 놀라운 shocking 충격적인 embarrassing 당황스러운

Expressions

What a **fantastic** story! 정말 환상적인 이야기예요!

fantastic 대신에 다양한 느낌을 표현하는 단어를 넣을 수 있어요.

① What a ＿＿＿＿＿＿＿＿ story! 정말 감동적인 이야기예요!

② What a ＿＿＿＿＿＿＿＿ story! 정말 슬픈 이야기예요!

③ What a ＿＿＿＿＿＿＿＿ story! 정말 놀라운 이야기예요!

This story is about the life of King Sejong the Great.

이 이야기는 세종대왕의 일생에 대한 거예요.

책의 이야기에 대해 말하고 싶을 때는 'This story is about ～'이라고 하면 되는데, This story 대신에 It이나 The book을 써도 돼요. ～ 부분에 책에 대한 간략한 이야기가 들어가요.

① This ＿＿＿＿＿＿＿ is about the life of Hong Gil-dong. 이 이야기는 홍길동의 일생에 대한 거예요.

② This story is ＿＿＿＿＿＿＿ the trip in Asia. 이 이야기는 아시아 여행에 대한 거예요.

③ This story ＿＿＿＿＿＿＿ ＿＿＿＿＿＿＿ stars in the night sky. 이 이야기는 밤 하늘의 별에 대한 거예요.

90

King Sejong the Great

1 『세종대왕』의 줄거리를 읽어 보세요.

King Sejong the Great was the fourth king of the Joseon Dynasty. He ruled
세종대왕   네 번째   조선왕조   다스리다
during the Joseon from 1418 to 1450.

He was the third son of Taejong. But he was wise and kind. So he became
세 번째   태종
a king. He was 22 years old. After he became king, he found out that
~후에   발견하다
many people in the country couldn't read or write. So he invented the
발명하다
Korean alphabet, Hangeul. He also was interested in science. So he made a
한글   ~에 관심이 있는
water clock and a sundial with Jang Yeungsil.
물시계(자격루)   해시계   장영실
Today, many people still respect him.
존경하다

 세종대왕은 조선왕조의 네 번째 왕이었어요. 그는 1418년부터 1450년까지 조선을 다스렸어요.
그는 태종의 세 번째 아들이었어요. 하지만 그는 총명하고 마음이 넓어서 22살의 나이에 왕이 되었답니다. 왕이 되고 나서 그는 많은
백성들이 글을 읽거나 쓸 수 없다는 것을 알게 되었어요. 그래서 한글을 만들었지요. 그는 과학에도 관심이 많았어요. 그래서 장영실과
함께 자격루와 해시계도 만들었어요.
오늘날 많은 사람들이 여전히 세종대왕을 존경한답니다.

2 주인공 세종대왕에 대한 나의 느낌이나 기분을 다양하게 쓰세요.

3 『세종대왕』을 읽고 난 후 책에 대한 느낌을 생각하며, 질문에 대한 답을 보기에서 골라 쓰세요.

보기

He was the son of Taejong.   He made Hangeul.
This story is about the life of King Sejong the Great.

Q1 이 이야기는 무엇에 관한 것인가요?

_____

Q2 세종대왕은 누구의 아들이었나요?

_____

Q3 세종대왕은 무엇을 만들었나요?

_____

4 ❷에서 완성한 표(마인드맵)를 보고 세종대왕에 대해 그렇게 느낀 이유를 한글로 쓰세요.

_____

_____

5 『세종대왕』에 대한 의견을 간단히 적은 것을 읽어 보세요.

What an amazing story!
정말 굉장한 이야기예요.

The story is surprising.
이야기가 놀라워요.

King Sejong the Great is really great.
세종대왕은 정말 위대하세요.

6 위의 표현을 참고해서 『세종대왕』에 대한 자신의 의견을 쓰세요.

What _____!

The story is _____.

King Sejong the Great is _____.

2 My Sweet Orange Tree

① 『나의 라임 오렌지 나무』의 줄거리를 읽어 보세요.

Zeze is a 5-year-old boy. He
제제
lives in the countryside. His
시골
family is poor. He has two
older sisters. He wants love.
But his family members are
all so busy. He doesn't get
a gift on Christmas. But he
선물
is cheerful and naughty. He
쾌활한   장난꾸러기인
has a lot of curiosity.
호기심

A sweet orange tree is his friend. He calls it Minguinho. He often talks to
밍기뉴
Minguinho about his daily life.
일상 생활

One day, he gets a new friend, Manuel Valadares. Zeze calls him Portuga.
마누엘 발라다리스   뽀르뚜가
Portuga gives him love. Zeze likes him very much. But Portuga dies in a train
accident. Zeze is shocked. He becomes sick.
사고   충격 받다
Minguinho grows into a big tree, and Zeze also grows.
자라다

해석 제제는 5살 소년이에요. 그는 시골에 살아요. 그의 가족은 가난해요. 제제는 두 명의 누나가 있어요. 제제는 사랑을 원하지만, 가족 모두
너무 바빠요. 그는 크리스마스 선물도 받지 못해요. 하지만 그는 쾌활한 장난꾸러기예요. 호기심도 많아요.
달콤한 오렌지 나무는 제제의 친구예요. 그는 그 오렌지 나무를 밍기뉴라고 불러요. 제제는 종종 밍기뉴에게 일상 생활에 대한 이야기
를 해 줘요.
어느 날 제제는 마누엘 발라다리스라는 친구가 생겨요. 제제는 그를 '뽀르뚜가 아저씨'라고 부르지요. 뽀르뚜가는 제제를 많이 사랑해
줘요. 제제도 뽀르뚜가를 많이 좋아하고요. 하지만 기차 사고가 나서 뽀르뚜가가 죽게 돼요. 제제는 충격을 받고 앓아 누워요.
밍기뉴도 큰 나무가 되고 제제도 자라지요.

94

2 주인공 제제에 대한 나의 느낌이나 기분을 다양하게 쓰세요.

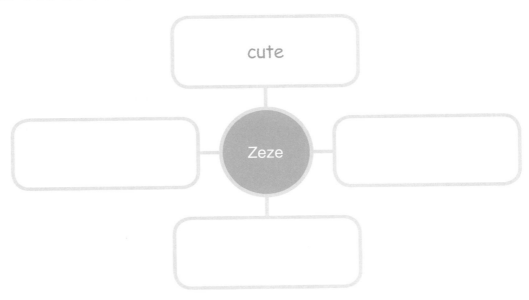

3 『나의 라임 오렌지 나무』를 읽고 난 후 책에 대한 느낌을 생각하며, 질문에 대한 답을 보기에서 골라 쓰세요.

보기

He calls him Portuga.   He becomes sick.
This story is about Zeze and his orange tree.

Q1 이 이야기는 무엇에 관한 것인가요?

_____

Q2 제제는 새로운 친구를 뭐라고 부르나요?

_____

Q3 뽀르뚜가가 죽은 후 제제는 어떻게 되나요?

_____

4 ❷에서 완성한 표(마인드맵)를 보고 제제에 대해 그렇게 느낀 이유를 한글로 쓰세요.

_____

_____

5 『나의 라임 오렌지 나무』에 대한 의견을 간단히 적은 것을 읽어 보세요.

How awesome!
정말 멋져요!

The story is touching.
이야기가 감동적이에요.

Zeze is really lovely.
제제는 정말 사랑스러워요.

6 위의 표현을 참고해서 『나의 라임 오렌지 나무』에 대한 자신의 의견을 쓰세요.

How _____!

The story is _____.

Zeze is _____.

Wrap up

◉ **내가 읽은 책 중에서 특별히 기억에 남는 책을 하나 골라, 그 책에 대한 의견을 간단히 써 보세요.**

책 제목: _____

이 책을 읽고 난 후의 느낌을 아래 단어에서 모두 고르세요.

amazing   fantastic   touching   sad   tragic
disappointing   surprising   shocking   embarrassing

위에서 고른 단어를 이용해서 내가 읽은 책에 대한 느낌을 간단히 쓰세요.

What _____!

The story is _____.

_____.

_____.

B. 보고서 쓰기

○ 책에는 다양한 종류가 있어요. 자연이나 사회에 대한 사실적인 정보를 다루고 있는 책은 읽고 나서 보고서 쓰기 활동을 하기 좋아요. 새로 알게 된 사실을 간단하게 보고서 형식으로 만들어 봐요

참고 도서

① Why? Animals 와이?: 동물편

'Why 시리즈'는 동물, 과학, 한국사, 세계사. 인문학 등 초등학교 교과와 연계된 내용들을 만화로 재미있고 알기 쉽게 구성해 놓은 책이에요. 이 시리즈의 하나인 '와이?: 동물편'에서는 세계 곳곳의 다양한 동물들을 재미있게 소개하고 있어요. 딱딱한 교과서 내용이 만화로 되어 있어서 정말 좋겠죠?

② The Magic School Bus 신기한 스쿨버스

'신기한 스쿨버스'는 곱슬머리 프리즐 선생님과 반 친구들이 다양한 과학의 세계를 탐험하는 흥미진진한 이야기예요. 신기한 스쿨버스는 몸 속을 탐험하기도 하고 땅 속에 들어가거나 우주로 날아가기도 해요. 자, 이제 신기한 버스를 타고 환상적이고 기상천외한 모험의 세계로 떠나 볼까요?

Writing a Report 보고서 쓰기

Research Report

Name: giraffes

Where they live: African savannas
사는 곳: 아프리카 대초원

What they eat: grass, leaves, flowers, and fruits
먹는 것: 풀, 나뭇잎, 꽃, 과일

I learned that giraffes live on the African savannas.
나는 기린이 아프리카 대초원에 산다는 것을 알게 되었어요.

조사 대상이나 제목을 써요.

자신이 알게 된 주요 내용을 써요.

새로 알게 된 사실을 써요.

Expressions

I learned that a whale is the biggest animal.
나는 고래가 가장 큰 동물이라는 것을 알게 되었어요.

I learned that ~은 '나는 ~을 알게 되었다'라는 뜻이에요. ~ 부분에 내가 알게 된 새로운 사실을 쓸 수 있어요.

1 I _____ that a cheetah is the fastest animal.

나는 치타가 가장 빠른 동물이라는 것을 알게 되었어요.

2 I learned _____ the Earth turns around the Sun.

나는 지구가 태양의 주위를 돈다는 것을 알게 되었어요.

3 I _____ _____ the North Pole is melting.

나는 북극이 녹고 있다는 것을 알게 되었어요.

Why? Animals

1 『와이?: 동물편』의 줄거리를 읽어 보세요.

The book *Why? Animals* is about animals. It shows where they live, what they eat, and how they live. In the history part, there are dinosaurs. It
공룡
shows why dinosaurs all died, so we can't see them now any more.

Then it shows many different kinds of animals. The book shows giraffes, rhinos, hyenas, cheetahs, and lions on the African savannas. In the
코뿔소 하이에나 치타 대초원
rain forests are chimpanzees, gorillas, hippos, monkeys, and snakes. Also, on
열대우림 침팬지 하마
grassy plains live kangaroos and platypuses. Polar bears, penguins, and seals
평원지대 오리너구리
live in the polar region. It also shows animals in deserts or on highlands.
북극지역 사막 산악지대

해석

'와이?: 동물편'은 동물에 관한 내용이에요. 동물들이 어디에 사는지, 무엇을 먹는지, 어떻게 사는지를 보여 줘요. 역사 부분에서는 공룡과 공룡이 왜 멸종되어 지금은 우리가 볼 수 없는지 보여 줘요.
그리고 다양한 다른 동물들이 나와요. 아프리카 대초원에는 기린, 코뿔소, 하이에나, 치타, 사자가 있어요. 열대우림에는 침팬지, 고릴라, 하마, 원숭이, 뱀이 있어요. 평원지대에는 캥거루와 오리너구리가 있어요. 북극지역에는 북극곰, 펭귄, 물개가 있어요. 사막지대나 산악지대에 사는 동물도 나와요.

2 어떤 동물에 대해 쓸 것인지 정하고 우리말로 답하세요.

내가 고른 동물 _____

Q1 이 동물을 선택한 이유가 무엇인가요?

_____

Q2 이 동물에 대해 이미 알고 있었던 점은 무엇인가요?

_____

Q3 이 동물에 대해 새로 알게 된 점은 무엇인가요?

_____

3 위에서 고른 동물에 대한 다양한 정보를 보기에서 골라 쓰세요. 보기에 없으면 다른 표현을 생각해 보세요.

보기

Where they live:	Africa	deserts	savannas	rain forests	polar region
	grassy plains				
What they eat:	fruits	grass	leaves	fish	other animals
Trait:	fast	big	strong	slow	

Where they live 사는 곳	They live in/on _____.
What they eat 먹는 것	They eat _____.
Trait 특징	They are _____.

4 다음 사진을 보고 보고서를 쓰세요.

Research Report

Name: _____

Where they live: _____

What they eat: _____

Trait: _____

I learned that _____

_____

The Magic School Bus: Lost in the Solar System

① 『신기한 스쿨버스: 태양계에서 길을 잃다』의 줄거리를 읽어 보세요.

The Magic School Bus: Lost in the Solar System is about space. It

태양계 · 우주

talks about the solar system, the eight planets, their moons and so on.

행성

Ms. Frizzle takes her students to the planetarium by school bus.

프리즐 선생님 · 천문관

But suddenly, the bus goes up into space. During the trip, Ms. Frizzle

갑자기

explains about the Earth, the Moon, and the Sun. Then they go to Mercury.

설명하다 · 수성

Mercury is the closest to the Sun. And then they look into Mars, Venus,

가장 가까운 · 살펴보다 · 화성 · 금성

Jupiter, and Neptune.

목성 · 해왕성

After studying all the eight planets, they come home.

 해석

『신기한 스쿨버스: 태양계에서 길을 잃다』는 우주에 관한 거예요. 이 책은 태양계에 있는 8개의 행성과 그 주변의 달 등에 대해 이야기 해요. 프리즐 선생님은 학생들을 스쿨버스에 태우고 천문관에 데려가요.

그런데 갑자기 버스가 우주로 올라가요. 여행하는 동안, 프리즐 선생님은 지구와 달, 태양에 대해서 설명해요. 그리고 나서 수성으로 가요. 수성은 태양에서 가장 가깝지요. 그리고 나서 화성, 금성, 목성, 해왕성을 살펴보지요.

8개의 행성 모두 공부한 후 집으로 돌아와요.

2 어떤 행성에 대해 쓸 것인지 정하고 우리말로 답하세요.

내가 고른 행성 _____

Q1 이 행성을 선택한 이유가 무엇인가요?

_____

Q2 이 행성에 대해 이미 알고 있었던 점은 무엇인가요?

_____

Q3 이 행성에 대해 새로 알게 된 점은 무엇인가요?

_____

3 위에서 고른 행성에 대한 다양한 정보를 보기에서 골라 쓰세요. 보기에 없으면 다른 표현을 생각해 보세요.

보기

Size:	big	small	the biggest	the smallest
Distance:	close	far	the closest	the furthest
Trait:	hot	cold	brightest	

Size 크기	This planet is _____ in the solar system.
Distance from the earth 지구로부터의 거리	This planet is _____ from the earth.
Trait 특징	It is _____ .

104

4 다음 사진을 보고 보고서를 쓰세요.

Research Report

Name: _____

Size: _____

Distance: _____

Trait: _____

I learned that _____

_____

Wrap up

● 내가 읽은 책 중에서 한 권을 골라 보고서를 써 보세요.

Research Report

Book title: _____

Theme: This is about _____.

_____ : _____

_____ : _____

_____ : _____

I learned that _____

_____

C. 책 광고하기

○ 좋은 책을 읽고 나면 친한 친구나 다른 사람들에게 책을 소개해 주고 싶은 마음이 들 때가 있어요. 혹은 많은 사람들에게 그 책을 알리고 싶기도 하죠. 자신이 읽은 좋은 책을 알리기 위한 광고를 한번 만들어 봐요.

참고 도서

1 **Helen Keller** 헬렌 켈러

헬렌 켈러는 어려서 심한 병을 앓고 난 후 시각과 청각을 모두 잃고 슬픔에 빠져요. 하지만 가정교사 앤 설리번 선생님은 사랑으로 헬렌 켈러에게 말과 글을 가르치게 되고 결국 헬렌 켈러는 장애를 극복한 위대한 여성으로 성장하게 돼죠. 여러분은 불굴의 의지로 자신의 장애를 극복한 헬렌 켈러를 만날 준비가 되었나요?

2 **The Last Leaf** 마지막 잎새

미국의 작가 오 헨리(O. Henry)가 쓴 단편 소설이에요. 존시는 심한 폐렴에 걸려 삶에 대한 아무런 희망도 없이 창문 너머로 보이는 담쟁이 덩굴 잎에만 관심을 갖게 돼요. 그녀는 나뭇잎이 다 떨어지면 자신도 죽는다고 생각해요. 하지만 존시에게 삶의 희망을 되찾아 주는 사람이 있었어요. 누가, 어떻게 존시를 살릴 수 있을까요?

Making an Advertising Poster 광고 포스터 만들기

○ 책을 홍보하는 포스터를 살펴봐요.

Snow White

World's best fairy tale
Amazing story
Recommended for all children

책 제목	책 제목의 첫 자는 대문자로 써요.
그림	홍보할 책을 대표할 만한 사진이나 그림을 넣어요.

홍보 문구

세계 최고의 동화
광장한 이야기
모든 아이들에게 추천

눈에 띄는 문구를 만들어요.

Expressions

World's best fairy tale 세계 최고의 동화

Word's best ~는 '세계 최고의 ~'라는 뜻이에요. ~ 부분에 novel(소설), cartoon(만화), fairy tale(동화), biography(위인전), science fiction(공상과학소설), history novel(역사소설), mystery novel(추리소설), adventure story(모험 이야기) 등과 같은 책의 종류를 쓸 수 있어요.

❶ World's best _____ 세계 최고의 소설

❷ World's best _____ _____ 세계 최고의 역사소설

❸ World's best _____ _____ 세계 최고의 모험 이야기

1 Helen Keller

1 『헬렌 켈러』의 줄거리를 읽어 보세요.

Helen Keller was born on June 27, 1880 in Alabama. When she was two years old, she got very sick. She had a high fever and a headache. She lost her sight and her hearing. She couldn't see and hear. So she couldn't

understand the world. She became violent. She needed someone to help. It was Anne Sullivan. She helped Helen Keller a lot. Anne taught Helen words by pressing the letters on Helen's hand. Finally, Hellen could communicate with others. After that, Anne taught her a lot of things.

Then Helen could read and write. She entered a college. She wrote a book. She wanted to help others like herself. She helped disabled people.

 해석 헬렌 켈러는 1880년 6월 27일에 앨라배마에서 태어났어요. 두 살이 되었을 때 고열과 두통에 시달렸어요.. 그녀는 시력과 청력을 잃어서 볼 수도 들을 수도 없었어요. 그녀는 세상을 이해할 수 없었어요. 그래서 폭력적으로 변했지요. 그녀는 도와줄 사람이 필요했어요. 그 사람이 바로 앤 설리번 선생님이었죠. 앤 선생님은 헬렌 켈러를 많이 도와주셨어요. 앤 선생님은 헬렌의 손으로 글자들을 눌러서 단어를 가르쳤어요. 마침내 헬렌도 다른 사람과 의사소통을 할 수 있게 되었어요. 그 후로 앤 선생님은 헬렌에게 많은 것을 가르쳐 주셨어요. 그러고 나서 헬렌은 읽고 쓸 수 있게 되었어요. 헬렌은 대학에도 입학하고 책도 썼지요. 그녀는 자기와 같은 사람들을 돕고 싶었어요. 그래서 장애인을 돕는 사람이 되었답니다.

2 『헬렌 켈러』를 읽고 질문에 대한 답을 보기에서 골라 쓰세요.

> **보기**
>
> She lost her sight and her hearing.
> She wrote a book.   She was kind and nice.   It is a biography.

Q1 이 책의 종류는 무엇인가요?

_____

Q2 헬렌 켈러는 어렸을 때 심한 병을 앓을 후 어떻게 되었나요?

_____

Q3 헬렌 켈러를 도와준 앤 설리번의 성격은 어땠나요?

_____

Q4 헬렌 켈러는 대학을 입학한 후에 무엇을 했나요?

_____

3 이 책을 표현하는 가장 적절한 단어를 골라서 동그라미 하세요.

> amazing 굉장한   surprising 놀라운   shocking 충격적인
>
> touching 감동적인   fantastic 환상적인   beautiful 아름다운

4 이 책을 누구에게 가장 추천해 주고 싶은지 고른 후 문장을 완성하세요.

> boys   girls   teens   parents   teachers   everyone

I want to recommend this book for _____.

나는 _____에게 이 책을 추천하고 싶어요.

5 『헬렌 켈러』를 소개하는 광고를 살펴보세요.

6 나만의 『헬렌 켈러』 광고 포스터를 만들어 보세요.

② The Last Leaf

① 『마지막 잎새』의 줄거리를 읽어 보세요.

Johnsy is very sick. Outside her
room, she can see many leaves
on an ivy vine. She believes that
she will die when the last leaf
falls off from the vine. Her best
friend, Sue, is worried about her.

Behrman lives in the same building. He always says that he paints great
paintings. But he didn't paint for a long time. Sue tells him about Johnsy.
One night, the wind is strong. There is a lot of rain, too. Sue is worried
about the last leaf.

After the storm, the last leaf is on the wall. The next day, Johnsy is
surprised because the last leaf is still on the wall. She thinks the last
leaf shows hope. She gets healthy. But Sue tells her, "Behrman died of
pneumonia."

He painted the leaf on the wall. He wanted Johnsy to hope.

 해석   존시는 많이 아파요. 그녀의 방 밖으로 담쟁이 덩굴에 많은 잎사귀들을 볼 수 있어요. 존시는 담쟁이 덩굴에서 마지막 잎새가 떨어지면 자신도 죽을 거라고 믿고 있어요. 그녀의 친구인 수는 이런 존시를 걱정하지요.
베어만은 같은 빌딩에 살아요. 그는 항상 자기가 명작을 그린다고 얘기해요. 하지만 그는 오랫동안 그림을 그리지 않았어요. 수는 그에게 존시에 대해서 얘기해 줘요. 어느 날 밤 바람이 세게 불고 비가 많이 내려요. 수는 마지막 잎새가 걱정이 돼요.
폭풍이 지나고 마지막 잎새가 여전히 벽에 있어요. 그 다음날, 존시는 마지막 잎새가 벽에 있는 걸 보고 놀라요. 그녀는 마지막 잎새가 희망을 뜻하는 거라고 생각해요. 그래서 존시는 건강해 져요. 하지만 수는 존시에게 "베어만이 폐렴으로 죽었어."라고 말해요.
그는 마지막 잎새를 벽에 그렸어요. 그는 존시가 희망을 갖기를 원했던 거예요.

② 『마지막 잎새』를 읽고 질문에 대한 답을 보기에서 골라 쓰세요.

> **보기**
>
> He painted the last leaf on the wall.
> She was shocked.　　　It is a novel.　　　He is a painter.

Q1　이 책의 종류는 무엇인가요?

_____

Q2　베어만의 직업은 무엇인가요?

_____

Q3　베어만은 어디에 마지막 잎새를 그렸나요?

_____

Q4　베어만이 죽었다는 이야기를 듣고 존시의 심정은 어땠을까요?

_____

③ 이 책을 표현하는 가장 적절한 단어를 골라서 동그라미 하세요.

> amazing 굉장한　　　surprising 놀라운　　　shocking 충격적인
>
> touching 감동적인　　　fantastic 환상적인　　　beautiful 아름다운

④ 이 책을 누구에게 가장 추천해 주고 싶은지 고른 후 문장을 완성하세요.

> boys　　girls　　teens　　parents　　teachers　　everyone

I want to recommend this book for _____.

나는 _____에게 이 책을 추천하고 싶다.

5 『마지막 잎새』를 소개하는 광고를 살펴보세요.

6 나만의 『마지막 잎새』 광고 포스터를 만들어 보세요.

Wrap up

◉ 내가 읽은 책 중에서 친구에게 추천해 주고 싶은 책을 한 권 골라 그 책을 소개하는 광고를 만들어 보세요.

책 제목	_____
홍보할 책의 이미지	
책의 홍보 문구	_____ _____ _____

책에는 저마다 장점을 가지고 있어요. 주인공이 멋진 책, 이야기의 흐름이 좋은 책, 그림이 예쁜 책, 배경을 잘 묘사한 책 등 여러 가지 다양한 장점을 가졌죠. 이런 장점을 찾아 멋진 상장을 만들어 봐요.

참고 도서

1 **Don Quixote** 돈키호테

세르반테스(M. de Cervantes)라는 에스파냐의 작가가 쓴 소설이에요. 기사도 이야기를 좋아하는 한 남자가 자신을 멋진 기사라고 생각하며 '돈키호테'라고 부르지요. 나쁜 악당을 물리치기 위해 길을 떠나는 돈키호테의 이야기는 영화나 만화로 만들어지기도 했어요. 그럼, 이제 돈키호테와 함께 그의 모험 속으로 들어가 볼까요?

2 **Shower** 소나기

우리나라의 작가 황순원이 쓴 단편 소설이에요. 아름다운 시골 풍경을 배경으로 소년과 소녀가 즐거운 추억을 쌓는 이야기가 잔잔하게 펼쳐지지요. 하지만 소나기를 맞고 난 후 소녀가 많이 아프게 돼요. 과연 소년과 소녀는 계속 만날 수 있을까요?

Making an Award 상장 만들기

Book title: Little Prince	책 제목	책 제목의 첫 자는 대문자로 써요.
Best Story Award	상장 제목	어떤 분야의 상장인지 써요.
This book deserves the award. The story is the most creative.	이유	상장을 주는 이유를 써요.
Awarded by: Jina	이름	상장을 준 사람 이름을 써요.
Date: 2016. 12. 25	날짜	상장을 준 날짜를 써요.

Expressions

Best Character Award 최고의 인물 상

Best는 최고라는 뜻이에요. Best 다음에는 story(이야기), illustration(삽화), setting(배경)과 같은 단어를 넣을 수 있어요.

1 Best ＿＿＿＿＿＿＿ Award 최고의 이야기 상

2 Best ＿＿＿＿＿＿＿ Award 최고의 배경 상

The character is the funniest. 그 등장인물이 가장 재미있어요.

creative(창의적인), beautiful(아름다운), touching(감동적인)과 같은 단어로 자신이 좋아하는 것을 나타내요.

1 The story is the most ＿＿＿＿＿＿＿. 그 이야기는 가장 감동적이에요.

2 The setting is the most ＿＿＿＿＿＿＿. 그 배경이 가장 창의적이에요.

1 Don Quixote

① 「돈키호테」의 줄거리를 읽어 보세요.

Alonso Quixana is an old man.
알론조키하나
He wants to be a knight. He
기사
names himself Don Quixote.
돈키호테
He rides his horse, Rocinante.
로시난테
He goes to find adventures. On
모험
his second adventure, he takes
his neighbor, Sancho Panza.
산초 판자

He promises Sancho an island and some money. Sancho doesn't believe him
약속하다
at first. But little by little, he starts to believe Don Quixote's dreams.
조금씩
Don Quixote acts like a foolish man. He thinks the windmill is a monster.
바보 같은   풍차
So he attacks it. People think he is crazy. But after many adventures, he
공격하다
realizes life is not like a fantastic novel.
깨닫다   환상적인
He comes home and becomes a normal person. Sancho tells him, "We can
평범한 사람
travel for adventures like real heroes," but Don Quixote gives up. After his
영웅   포기하다
death, Sancho is really sad.

 해석

알론조키하나는 노인이에요. 그는 기사가 되고 싶어요. 그는 스스로 돈키호테라고 이름을 붙이지요. 그는 로시난테라는 말을 타고 모험을 찾아 떠나요. 두 번째 모험에 이웃인 산초 판자를 데려가요. 그는 산초에게 섬과 돈을 주겠다고 약속하지요. 산초는 처음에 그의 말을 믿지 않아요. 하지만 산초는 조금씩 돈키호테의 꿈을 믿어요.
돈키호테는 바보 같은 사람처럼 행동해요. 풍차가 괴물이라고 생각해서 공격해요. 사람들은 그가 미쳤다고 생각해요. 하지만 모험을 많이 하고 나서, 그는 인생이 환상적인 소설 같지 않다는 것을 깨달아요.
그는 집으로 와서 평범한 사람이 돼요. 산초는 그에게 "우리는 진짜 영웅처럼 모험을 떠날 수 있어."라고 말하지만 돈키호테는 포기해요. 돈키호테가 죽고 난 후, 산초는 진심으로 슬퍼한답니다.

2 『돈키호테』를 읽고 질문에 대한 답을 보기에서 골라 문장을 완성하세요.

보기

책의 종류:	biography	essay	novel	
사람들이 생각하는 돈키호테:	crazy	kind	nice	great
좋아하는 것:	monsters	windmills	adventures	

Q1 이 책의 종류는 무엇인가요?

It is a _____ .

Q2 사람들은 돈키호테를 어떻게 생각하나요?

People think he is _____ .

Q3 돈키호테는 무엇을 좋아하나요?

He likes _____ .

3 『돈키호테』를 읽고 가장 마음에 드는 분야를 골라서 빈칸에 쓰세요.

Character 등장인물　　　Story 이야기　　　Illustration 삽화　　　Setting 배경

Best _____ Award

4 보기의 단어를 참고하여 왜 그 분야가 마음에 드는지 쓰세요.

보기

the funniest 가장 재미있는　　　　the most creative 가장 창의적인
the most beautiful 가장 아름다운　　the most touching 가장 감동적인

The setting is the most beautiful.

The _____ is the most _____ .

5 『돈키호테』에 대한 나만의 상장을 만들어 보세요.

Book title: <u>Don Quixote</u>

Best _____ **Award**

This book deserves the award.

_____

Awarded by: _____

Date: _____

② **Shower**

① 『소나기』의 줄거리를 읽어 보세요.

There is a very shy boy. He lives in the countryside. He meets a girl. The girl is staying with her grandfather for a while. She wants to be his friend. But he is so shy that he can't talk with her. One day, the girl askes him,

부끄러워하는 (countryside 시골, for a while 잠시 동안)

"Let's go and play at the hill." They have a good time. But it begins to rain. On the way home, the river starts rising. He gives her a piggyback ride across the river.

(hill 언덕, rain 시작하다, rising 불어나다, piggyback ride 등에 업히기)

After a few days, she looks sick. She shows him her stained sweater. The stain is because of the piggyback ride. She tells him she is leaving soon. He wants to see her that day. But he hears his father talking to his mother, "The girl died because she got a bad cold. She asked her family to bury her wearing the stained sweater."

(stained 얼룩진, stain 얼룩, bury 묻다)

 해석 부끄러움이 많은 소년이 있어요. 그 소년은 시골에 살지요. 그는 한 소녀를 만나요. 그 소녀는 잠시 동안 할아버지 집에서 머무르고 있어요. 그녀는 그의 친구가 되고 싶어요. 그런데 소년은 너무 부끄러워서 이야기조차 못해요. 어느 날 소녀가 소년에게 "언덕에 가서 놀자."고 해요. 둘은 즐거운 시간을 보내요. 하지만 갑자기 비가 내려요. 집으로 오는 길에 강물이 불어 나기 시작해요. 그래서 소년은 소녀를 등에 업고 강을 건너요.
며칠 후에 소녀는 아파 보여요. 소녀가 소년에게 얼룩진 스웨터를 보여 주면서 이 얼룩은 업히던 날 묻은 것이라고 해요. 그녀는 그에게 곧 떠날 거라고 얘기하지요. 소년은 소녀가 떠나는 날 보러 가고 싶었어요. 하지만 소년의 아버지가 어머니께 하는 말을 들어요. "그 여자애가 감기가 너무 심해 죽었대. 가족에게 자기를 땅에 묻을 때 얼룩진 스웨터를 입혀 달라고 했대."

2 『소나기』를 읽고 질문에 대한 답을 보기에서 골라 문장을 완성하세요.

> **보기**
>
> | 소년의 성격: | active | shy | bad | |
> |---|---|---|---|---|
> | 날씨: | snowy | hot | sunny | rainy |
> | 소년의 심정: | happy | shocked | glad | |

Q1 소년의 성격은 어떤가요?

He is _____ .

Q2 소년이 소녀를 처음 만난 날, 날씨가 어떻게 변했나요?

It was _____ .

Q3 소녀가 죽었다는 소식을 들었을 때 소년은 어떤 심정이었을까요?

He was _____ .

3 『소나기』를 읽고 가장 마음에 드는 분야를 골라서 빈칸에 쓰세요.

> Character 등장인물   Story 이야기   Illustration 삽화   Setting 배경

Best _____ Award

4 보기의 단어를 참고하여 왜 그 분야가 마음에 드는지 이유를 쓰세요.

> **보기**
>
> the funniest 가장 재미있는   the most creative 가장 창의적인
>
> the most beautiful 가장 아름다운   the most touching 가장 감동적인

The setting is the most beautiful.

The _____ is the most _____ .

5 『소나기』에 대한 나만의 상장을 만들어 보세요.

Book title: <u>Shower</u>

Best _____ **Award**

This book deserves the award.

_____

Awarded by: _____

Date: _____

◉ 내가 읽어 본 책 중에서 한 권을 골라 주고 싶은 상장을 만들어 보세요.

Book title: _____

Best _____ **Award**

This book deserves the award.

_____

Awarded by: _____

Date: _____

Answer Key

Unit 01 Main Characters

p.12

Warm up

The Happy Prince / Peter Pan / Heidi, Girl of the Alps / The Fox and Grapes /
Gulliver's Travels / Simcheongjeon

A. 주인공 묘사하기

Expressions

p.14

❶ kind	❷ good	❸ foolish
❶ wear	❷ wear	❸ wear

❶ Hong Gil-dong

p.16~17

❷ 홍길동, 홍판서, 춘섬, 하인, 왕

❸ 예시

인물	하는 일	성격	생김새
Hong Gil-dong	thief	smart	wears a hat
Chunseom	servant	kind	beautiful, wears a hanbok
Hong Panseo	panseo	strong	wears a hat

❹ Q1. 동에 번쩍, 서에 번쩍 축지법을 쓸 수 있다.

Q2. 부자에게 훔친 물건을 가난한 사람들에게 나누어 주니까 사람들이 좋아한다.

Q3. 국회의원, 자원봉사자, 운동선수 등

❻ 예시

이름: Chunseom (춘섬)

하는 일: servant, Hong Gil-dong's mother

성격: kind

생김새: beautiful, wears a hanbok

She is a servant.

She is kind.

She is beautiful. She wears a hanbok.

2 Snow White

p.19~20

❷ 백설 공주, 일곱 난쟁이, 여왕, 왕자, 사냥꾼

❸ 예시

인물	하는 일	성격	생김새
Snow White	princess	good	beautiful/pretty
Queen	queen, stepmother	greedy	beautiful, wears a dress
Seven Dwarfs	minors(광부)	kind	short

❹ Q1. 백설 공주가 가장 예쁘다는 마법의 거울의 말에 질투심이 생겼기 때문이다.

Q2. 사냥꾼과 일곱 난쟁이

Q3. 노인/노파

❻ 예시

인물: Queen

성격: greedy

생김새: wears a dress

She is a queen.

She is greedy.

She wears a dress.

p.21

예시 등장인물에 대해 쓰기

책: Les Miserables (레 미제라블)

이름: He is Jean Valjean. (그는 장발장이다.)

하는 일: He is a thief. (그는 도둑이다.)

성격: He is kind. (그는 친절하다.)

생김새: He wears a hat. (그는 모자를 쓴다.)

B. 인물 지도 그리기

Expressions

p.23

❶ aunt   ❷ grandmother   ❸ father

❶ loves   ❷ hates   ❸ likes

❶ Heungbujeon

p.25~26

❷ 흥부, 흥부 부인, 놀부, 놀부 부인, 제비, 도깨비

❸ Heungbu – poor, kind, younger brother, helps a swallow

Nolbu – rich, bad, older brother, hurts a swallow

❹ Q1. 제비의 부러진 다리를 치료해 준다.

Q2. 돈, 황금, 보석이 들어있다.

Q3. 도깨비가 있다.

❺ younger brother, good, help, poor

❻ brother, good, helps, bad, hurts

2 Heidi, Girl of the Alps

❷ 하이디, 알름(하이디의 할아버지), 피터, 클라라, 하이디 이모

❸ Heidi – good, kind, friendly, helps Alm,

Alm – Heidi's grandfather, unfriendly, old, lives with Heidi in the Alps

❹ Q1. 알프스에 산다.

Q2. 이모는 하이디가 도시에서 더 좋은 학교에 가기를 바라서 부자인 클라라의 집에 머무르기를 원한다. 클라라에게도 하이디 같은 친구가 필요하다고 생각한다.

Q3. 걸을 수 없었던 클라라가 알프스에서 혼자 걸을 수 있게 된다.

❺ friendly, good, help, grandfather

❻ grandfather, good, helps, kind, likes

Wrap up

예시 주인공의 성격과 특징 쓰기

책: The Little Mermaid (인어 공주)

주인공: Little Mermaid – good, princess, beautiful, likes the prince, loses her voice, gets legs

Little Mermaid is a princess. (인어 공주는 공주이다.)

She is beautiful. (그녀는 아름답다.)

She loses her voice. (그녀는 목소리를 잃는다.)

She gets legs. (그녀는 다리를 얻는다.)

She likes the prince. (그녀는 왕자를 좋아한다.)

C. 주인공에게 편지 쓰기

p.32

Expressions

❶ think	❷ I think	❸ I think
❶ hope	❷ I hope	❸ I hope to

❶ Peter Pan

p.34~35

❷ 1) He is brave.　2) He is fun.　3) He can fly.　4) He is bad.

❹ pretty, think, hope, Your friend

❷ The Giving Tree

p.37~38

❷ 1) He is old.　2) He is young.　3) The tree is happy.　4) The tree is sad.

❹ think, hope, 보내는 사람 이름을 쓰세요.

Wrap up

p.39

예시 주인공에게 편지 쓰기

Q1. 신데렐라

Q2. 신데렐라, 새엄마, 새 언니들, 왕자, 요정

Q3. 신데렐라

Dear Cinderella,	(신데렐라에게,)
You are kind and beautiful.	(너는 친절하고 아름답구나.)
You try to be happy.	(너는 행복하려고 애를 썼지.)
I think you are happy with the prince.	(나는 네가 왕자와 행복할거라 생각해.)

I hope to meet you. (너를 만나고 싶어.)

Your friend, (너의 친구,)

Lisa (리사)

D. 주인공이 되어 보기

Expressions   p.41

❶ sad   ❷ happy   ❸ angry

❶ excited   ❷ worried   ❸ scared

❶ The Happy Prince   p.43~44

❷ happy, sad, delighted, worried

❸ 1) sad, worried, scared   2) happy, delighted   3) sad   4) happy, delighted

❹ sad

❺ poor, worried, happy

❷ Gulliver's Travel   p.46~47

❷ happy, sad, angry, nervous, upset, excited, scared, surprised, delighted, worried
(상황에 따라 모두 답이 될 수 있어요)

❸ 1) excited, happy   2) nervous, scared, worried, sad
   3) upset, angry, scared, surprised   4) angry, upset

❹ scared

❺ 1) angry 또는 upset   2) delighted 또는 happy

예시 주인공의 처한 상황을 보고 자신의 감정 쓰기

책 제목: 콩쥐 팥쥐

깨진 독을 보면서 콩쥐가 울고 있었을 때

She cries watching a broken pot. (그녀가 깨진 독을 보고 우네.)

I am sad. (나는 슬퍼.)

책 제목: 알라딘과 요술램프

알라딘이 공주와 결혼을 했을 때

He marries the beautiful princess. (그가 예쁜 공주님이랑 결혼하네.)

I am excited. (나는 신 나.)

책 제목: 이상한 나라의 앨리스

앨리스가 토끼를 따라 가다가 깊은 굴 속에 빠졌을 때

She falls in a deep hole. (그녀가 깊은 굴 속으로 빠지네.)

I am nervous. (나는 초조해.)

Unit 02 Specific Events

p.50

Warm up

2 – 4 – 3 – 1

A. 신문기사 만들기

Expressions
p.52

❶ sunny   ❷ rainy   ❸ cold

❶ A Dog of Flanders
p.54~55

❷ Q1. grandfather and Patrasche

Q2. They sell milk.

Q3. for paper and paints

Q4. a drawing contest

❸ church, Christmas, cold, sad

❹ On Christmas Eve, Nello and his dog died in the church because of cold weather. So people were sad.

❷ A Lazy Man Who Became a Cow
p.57~58

❷ Q1. a lazy man

Q2. He becomes a cow.

Q3. in his dream

Q4. Because he is lazy.

3 cow, hot, sad, dream

4 The lazy man was so sad because he worked on a hot day. But it was his dream.

Wrap up p.59

예시 내가 읽은 책

Q1. Gyeon Woo and Jik Nyeo (견우와 직녀)

Q2. They met once a year. (일년에 한번 만났다.)

Q3. the seventh day in July (7월 7일)

Q4. at the Milky Way (은하수에서)

기사 제목: Gyeon Woo met Jik Nyeo

They finally met at the Milky Way on the seventh day in July. They were happy.
Many crows helped them.
(그들은 마침내 7월 7일 은하수에서 만났다. 그들은 행복했다. 많은 까마귀들이 그들을 도와주었다.)

B. 사건 시간표

Expressions p.61

1 So	**2** Then	**3** But
1 At first	**2** At last	**3** Finally

1 The Myth of Dangun p.63~64

2 3 – 2 – 4 – 1 – 5

3 At first, Then, So, Finally

4 1) because   2) so   3) Finally   4) At first

5 At first, Then, Finally

❷ Byeoljubujeon

p.66~67

❷ 5 – 3 – 1 – 4 – 2

❸ So, Then, Later

❹ 1) Because   2) So   3) But   4) And

❺ So, And, At first, Because, Finally

Wrap up

p.68

예시 우리나라 옛이야기에 대해 쓰기

Q1. The Golden Ax and the Silver Ax (금도끼와 은도끼)

Q2. a wood chopper (나무꾼)

Q3. He drops his ax. The holy ghost appears.
    (그는 도끼를 떨어뜨린다. 산신령이 나타난다.)

Q4. He gets a golden ax and the silver ax. (그는 금도끼와 은도끼를 얻는다.)

책 제목: The Golden Ax and the Silver Ax

등장인물:
There is a young man. He is a wood chopper.
(어떤 젊은이가 있다. 그는 나무꾼이다.)

처음 일어난 일:
At first, he cuts trees. But he drops his ax in the pond. Suddenly, the holy ghost appears.
(처음에, 그는 나무를 자른다. 그러나 그는 그의 도끼를 연못에 빠뜨린다. 갑자기, 산신령이 나타난다.)

다음 일어난 일:
Then, the holy ghost helps him. (그러고 나서, 산신령이 그를 도와준다.)

마지막에 일어난 일:
Finally, he gets the golden ax and the silver ax.
(마침내, 그는 금도끼와 은도끼를 갖게 된다.)

Expressions   p.70

① salty   ② spicy

① will   ② will

① The Fox and Grapes   p.72~73

② 1) Whew~ It is too high!   2) Probably the grapes are sour.

③ 1), 2) 원하는 장면을 그려 보세요.

② The Pied Piper of Hamelin   p.75~76

② 1) Give me money. Then I will kill the rats.   2) Wow, he is really good.

③ 1), 2) 원하는 장면을 그려 보세요.

Wrap up   p.77

원하는 책을 골라서 그려 보세요.

D. 기억에 남는 장면 그리기

Expressions   p.79

① first   ② ending   ③ last

① happiest   ② saddest   ③ exciting

1 Pinocchio

p.81~82

② 예시 1) 나무 인형이 말을 하는 장면

2) 코가 길어지는 장면

3) 고래한테 잡아 먹히는 장면

③ 예시 1) 고래 배 속

2) 피노키오와 제페토

3) 둘이 만나서 기뻤다.

④ 예시 2) the funnist, 가장 웃긴

3) the most memorable, 가장 기억에 남는

4) the most interesting, 가장 재미있는

⑥ the last part, belly, whale, the happiest scene

2 Simcheongjeon

p.84~85

② 예시 1) 심봉사가 물에 빠지는 장면

2) 심청이가 물에 뛰어드는 장면

3) 연꽃이 떠 있는 장면

③ 예시 1) 바다 위

2) 심청이와 뱃사람들

3) 아버지를 남겨 두고 가서 슬펐을 것 같다.

④ 예시 2) the most interesting, 가장 재미있는

3) the saddest, 가장 슬픈

4) the most memorable, 가장 기억에 남는

⑥ the ending part, palace, the happiest scene

Wrap up

p.86

예시 가장 기억에 남는 장면 쓰기

책 제목: The Little Match Girl (성냥팔이 소녀)

기억에 남는 장면 설명:
The little girl died in the street. (그 작은 소녀가 거리에서 죽었다.)

기억에 남는 이유: the saddest (가장 슬퍼서)

Unit **03** Overall View

Warm up   p.88

Peter Pan, Pinocchio

A. 책에 대한 의견

Expressions   p.90

❶ touching	❷ sad	❸ surprising
❶ story	❷ about	❸ is about

1 King Sejong the Great
p.92~93

❷ surprising, fantastic, awesome 등

❸ Q1. This story is about the life of King Sejong the Great.

    Q2. He was the son of Taejong.

    Q3. He made Hangeul.

❹ 예시 세종대왕은 우리가 지금 사용하고 있는 한글을 만드신 분이다. 한글을 만들어 주셨기 때문에 우리가 우리말과 글을 읽고 쓸 수 있게 되어서 위대한 분이라고 생각한다.

❻ 예시 a fantastic story, awesome, amazing

2 My Sweet Orange Tree
p.95~96

❷ friendly, sad, touching 등

❸ Q1. This story is about Zeze and his orange tree.

    Q2. He calls him Portuga.

Q3. He becomes sick.

④ 예시 사랑스럽고 예쁜 제제의 친구인 뽀르뚜가가 죽게 되고 그 뒤에 제제도 점점 아프게 되는 부분이 슬펐다.

⑥ 예시 touching, great, a good boy

p.97

Wrap up

예시 책에 대한 의견 쓰기

책 제목 : The Emperor's New Clothes (벌거벗은 임금님)

surprising, shocking, embarrassing

What a shocking story!

This story is surprising.

The King is really funny.

B. 보고서 쓰기

Expressions

p.99

❶ learned   ❷ that   ❸ learned that

❶ Why? Animals

p.101~102

❷ 예시 북극곰

Q1. 북극곰에 관한 프로그램을 보고 더 궁금해져서.

Q2. 북극에만 살고 있다.

Q3. 북극곰이 살 수 있는 곳이 점점 줄어들고 있다.

❸ polar region, fish and other animals, big and strong.

❹ 예시 Name: Penguins

Where they live: polar region

What they eat: small fish and squid(오징어)

Trait: They have wings, but they can't fly.

I learned that some penguins live in warm places.

② The Magic School Bus: Lost in the Solar System p.104~105

❷ 예시 목성

Q1. 사진으로 본 목성이 아름답게 보여서.

Q2. 지구보다 크다.

Q3. 행성 중에서 가장 크다.

❸ the biggest, far, cold

❹ Name: Jupiter

Size: the biggest

Distance: far

Trait: cold

I learned that Jupiter is the biggest planet in the solar system.

Wrap up p.106

예시 보고서 쓰기

책 제목: Why? Plants

Name: Venus Flytrap(파리지옥)

Size: 15~45cm tall

Color: green, red

Trait: It can catch a fly.

I learned that the Venus Flytrap eats insects and spiders.
(나는 파리지옥이 곤충과 거미도 먹는다는 것을 알았다.)

C. 책 광고하기

p.108

Expressions

❶ novel   ❷ history novel   ❸ adventure story

❶ Helen Keller

p.110~111

❷ Q1. It is a biography.

Q2. She lost her sight and her hearing.

Q3. She was kind and nice.

Q4. She wrote a book.

❸ touching, amazing, beautiful 등

❹ 예시 teachers, 선생님들

❻ 예시 World's best biography

Touching story

Recommended for teachers

❷ The Last Leaf

p.113~114

❷ Q1. It is a novel.

Q2. He is a painter.

Q3. He painted the last leaf on the wall.

Q4. She was shocked.

③ touching, beautiful 등

④ 예시 teens, 십대들

⑤ 예시 World's best novel

Touching story

Recommended for teens

Wrap up

p.115

예시 책 광고 만들기

책 제목: Robinson Crusoe (로빈슨 크루소)

책의 홍보 문구:

World's best adventure story

Fantastic story

Recommended for all boys

D. 상 주기

Expressions

p.117

❶ Story   **❷** Setting

❶ touching   **❷** creative

❶ Don Quixote

p.119~120

❷ Q1. novel

Q2. crazy

Q3. adventures

③ 예시 Character

④ 예시 character, funniest

⑤ 예시 Character

The character is the funniest.

Awarded by: Minho

Date: 2016. 7. 1

② Shower

p.122~123

② Q1. shy

Q2. rainy

Q3. shocked

③ 예시 Story

④ 예시 story, touching

⑤ 예시 Story

The story is the most touching.

Awarded by: Inwoo

Date: 2017. 2. 15

Wrap up

p.124

예시 상장 만들기

Rapunzel(라푼젤)

Illustration

The illustration is the most beautiful.

Awarded by: Jungwoo

Date: 2016. 12. 1

the difference

더 디퍼런스

더 좋은 책을 만들기 위한 남다른 열정